小銀行優勢假說研究

廖海波 著

財經錢線

前　言

在20世紀90年代的美國，面對銀行業的兼併浪潮，不少人擔心小銀行大量減少會影響小企業貸款融資的可得性。當時的一些研究發現，在小企業貸款占銀行總資產的比率以及小企業貸款占全部企業貸款的比例等指標上，小銀行均高於大銀行，這被認為是小銀行比大銀行更加傾向於向小企業提供貸款。由此產生了小銀行優勢（Small Bank Advantage）假說，認為小銀行在向小企業貸款上相對於大銀行具有比較優勢。

在相當長的一段時期內，小銀行優勢假說得到大量實證研究的支持，因此影響很廣。我國經濟長期受到中小企業融資難問題的困擾，很多人以小銀行優勢假說為依據，提出為解決我國中小企業融資難問題，應該大力發展小銀行；還有人主張我國應該建立以小銀行為主的金融體系。

雖然小銀行優勢假說具有比較完善的邏輯體系，又得到大量實證研究的支持，但是其產生於美國，主要證據也是來自於對美國銀行業的研究。其是否同樣適用於中國是一個值得商榷的問題。更為值得注意的是，近年來國外出現了不少不支持小銀行優勢假說的實證研究。所以，對小銀行優勢假說進行深入系統的研究，具有重要的理論與政策意義。

本書分為八章。第一章導論部分對全書的主要內容進行了概述。第二章在Berger和Udell提出的小企業融資可得性分析框架下，分析闡述了影響銀行信貸決策的主要因素，包括信息的種類、貸款技術和信貸基礎設施。第三章闡述了小銀行優勢假說的內容、證據和已

有研究對其的批評，指出了其前提假設和邏輯，以及在觀點和論證等方面存在的缺陷。第四章對關係型貸款進行比較全面的考察，這是因為在小銀行優勢假說中，小銀行的優勢來自於使用關係型貸款這一貸款技術。第五章對小企業信用評分技術進行了全面考察。小企業信用評分技術的出現，被認為對小銀行優勢假說產生了很大的衝擊。小企業融資難問題的根源在於信息不對稱。小企業在信貸中依賴軟信息，而關係型貸款是最主要的基於軟信息的貸款技術。第六章分析了電子商務發展的影響，認為電子商務的發展提供了新的信用信息來源，可以幫助銀企雙方擺脫對軟信息的依賴。第七章分析了近年來出現的大數據徵信技術發展的影響。大數據徵信技術的發展可幫助銀行更高效地收集各種信用信息，不必依賴人際交往來收集軟信息。電子商務和大數據徵信技術的發展可能會從根本上衝擊小銀行優勢假說成立的前提。最後，本書第八章分析了基於小銀行優勢假說的政策主張存在的問題，並給出了政策建議。

筆者

目　錄

1　導論 / 1

    1.1　小銀行優勢假說成立的前提 / 1

    1.2　小企業信用評分技術的出現對小銀行優勢假說的衝擊 / 3

    1.3　新技術發展對小銀行優勢假說的衝擊 / 4

        1.3.1　電子商務提高了中小企業的信息透明度 / 4

        1.3.2　信用評分技術適用範圍大幅度擴大 / 6

        1.3.3　支撐新型信用評估方法的技術 / 7

        1.3.4　新技術對關係型貸款的替代作用 / 7

    1.4　主要結論與政策建議 / 10

        1.4.1　小銀行優勢假說成立的前提受到嚴重衝擊 / 10

        1.4.2　基於小銀行優勢假說的政策主張存在嚴重缺陷 / 11

        1.4.3　政策建議 / 12

2　小企業信貸可得性問題的分析框架 / 13

    2.1　信貸決策中收集和使用的信息及類別 / 13

        2.1.1　信用分析的內容 / 14

        2.1.2　信用信息種類的劃分：硬信息與軟信息 / 16

2.2 貸款技術的種類 / 21

    2.2.1 財務報表型貸款技術 / 22

    2.2.2 小企業信用評分技術 / 23

    2.2.3 資產抵押型貸款技術 / 23

    2.2.4 固定資產抵押貸款技術 / 24

    2.2.5 融資租賃技術 / 24

    2.2.6 應收帳款保理技術 / 25

    2.2.7 關係型貸款技術 / 25

    2.2.8 判斷型貸款技術 / 26

2.3 信貸基礎設施 / 27

    2.3.1 信息環境 / 27

    2.3.2 法律、司法和破產環境 / 28

    2.3.3 社會環境 / 30

    2.3.4 稅收和管制環境 / 32

    2.3.5 完善信貸基礎設施的順序 / 33

    2.3.6 附記：我國與抵押相關的法律規定 / 33

3 小銀行優勢假說的內容、證據與對其的批評 / 36

3.1 小銀行優勢假說產生的背景 / 36

    3.1.1 小銀行優勢現象 / 36

    3.1.2 小企業融資難問題 / 37

    3.1.3 銀行業的合併浪潮 / 39

3.2 小銀行優勢假說產生的歷史條件 / 39

3.3 小銀行優勢假說的內容與邏輯 / 40

3.3.1 對小銀行優勢來源的幾種不同解釋 / 40

3.3.2 組織結構與信息的軟硬——Stein 模型 / 42

3.3.3 支持小銀行優勢假說的證據 / 49

3.3.4 小銀行優勢假說的前提假設 / 52

3.4 不支持小銀行優勢假說的經驗證據 / 53

3.5 質疑小銀行優勢假說的已有研究 / 56

3.6 小銀行優勢假說在論證上存在的缺陷 / 57

3.6.1 小銀行在開展關係型貸款方面存在的弱點 / 57

3.6.2 大銀行開展關係型貸款的優勢 / 58

3.6.3 基於軟信息開展關係型貸款的缺點 / 60

3.6.4 銀行業結構與績效之間的關係問題 / 62

4 關係型貸款 / 64

4.1 關係型貸款的含義 / 64

4.2 關係型貸款中的軟信息的收集過程 / 65

4.3 銀企關係對貸款利率的影響 / 66

4.3.1 早期理論研究 / 66

4.3.2 相關實證研究提供的證據 / 68

4.4 小銀行在關係型貸款上的優勢及原因 / 70

4.5 關係型貸款的局限性 / 73

4.6 小結 / 74

5 小企業信用評分技術 / 76

5.1 信用的概念 / 76

5.2 信用評分的發展歷史 / 76

　　5.2.1 個人信用評分的發展歷史 / 77

　　5.2.2 小企業信用評分技術的發展歷史 / 78

5.3 小企業信用評分模型原理 / 79

　　5.3.1 消費信用評分原理 / 79

　　5.3.2 小企業信用評分原理 / 81

　　5.3.3 信用評分使用的主要建模方法 / 84

5.4 小企業信用評分成功應用的案例——富國銀行 / 86

5.5 小企業信用評分技術的優勢與局限性 / 88

　　5.5.1 小企業信用評分技術的優勢 / 88

　　5.5.2 小企業信用評分技術的局限性 / 89

5.6 小企業信用評分法與小企業信用可得性 / 89

5.7 小結 / 91

6　電子商務的發展與企業透明度 / 92

6.1 我國電子商務發展概況 / 92

　　6.1.1 電子商務的涵義 / 92

　　6.1.2 我國電子商務發展概況 / 93

6.2 電子商務平臺及其經營模式 / 94

6.3 電子商務平臺中記錄的信用信息 / 95

　　6.3.1 利用電子商務平臺收集信用信息的實踐概況 / 95

　　6.3.2 電子商務平臺記錄的信用信息 / 96

　　6.3.3 對財務報表信息的替代能力 / 98

　　6.3.4 電子商務平臺所記錄信用信息的缺陷 / 103

6.4 基於電子商務平臺的融資 / 103

6.5 基於電商平臺數據開創的螞蟻金融服務的業務版圖 / 105

6.6 小結：電子商務提升企業透明度的意義 / 106

7 大數據徵信技術發展帶來的衝擊 / 108

7.1 大數據及其意義 / 108

7.1.1 大數據概述 / 108

7.1.2 大數據的重要意義 / 111

7.2 大數據徵信的特點 / 112

7.2.1 徵信概述 / 112

7.2.2 大數據徵信的實踐探索 / 113

7.2.3 大數據徵信的特點 / 116

7.3 大數據徵信技術的應用與發展 / 119

7.4 大數據徵信技術發展對小銀行優勢假說的衝擊 / 120

7.4.1 大數據徵信對人工收集信息的替代能力分析 / 121

7.4.2 大數據徵信對小企業信用評分法的提升 / 124

7.4.3 大數據徵信技術發展對小銀行優勢假說的衝擊 / 125

8 基於小銀行優勢假說的主張存在的問題 / 126

8.1 忽視貸款技術發展的趨勢 / 126

8.2 現實不具備有效開展關係型貸款的一些必要條件 / 128

8.2.1 關係型貸款的開展受制於中小企業的壽命 / 128

8.2.2 小銀行不具備滿足要求的人力資源 / 128

8.3 增加金融系統風險 / 129

8.4 代價高昂 / 130

8.5 政策建議 / 131

    8.5.1 我國社會信用體系建設概況 / 132

    8.5.2 促進大數據徵信快速健康發展 / 133

1 導論

小銀行優勢（Small Bank Advantage）假說認為，在為中小企業提供融資服務方面，小銀行與大銀行相比具有比較優勢。在早些時候，基於國外數據的多數實證研究支持小銀行優勢假說。這一假說及其政策主張在我國也得到了廣泛支持。「在正式制度安排下解決我國中小企業融資問題需大力發展中小金融機構，這一點在理論上已經取得了共識」（劉新華和線文，2005）。為解決中小企業融資難問題，2005年全國金融工作會議決定允許設立地區性中小銀行。林毅夫（2001）還主張我國應該建立以小銀行為主的金融結構。

但是在小企業信用評分法（Small Business Credit Scoring，SBCS）於20世紀90年代中期出現后，很多實證研究就發現，大銀行可以使用該技術為部分信息不透明的中小企業提供融資服務。這對小銀行優勢假說形成了一定衝擊。近年來，隨著電子商務、社交網路的迅猛發展，信用評分與大數據技術相融合，出現大數據徵信技術，中小企業的信息透明情況、徵信覆蓋範圍和銀行貸款業務將發生深刻而廣泛的變革，對小銀行優勢假說形成強烈的衝擊。

1.1 小銀行優勢假說成立的前提

小銀行優勢假說的核心是小銀行在關係型貸款方面具有優勢。因此在向中小企業貸款方面，小銀行比大銀行更具有優勢。需要指出的是，小銀行優勢假說產生於美國，在其語境下沒有中小企業的提法，只有小企業和大企業之分；中小企業一詞是在我國語境下的說法。

Berger 和 Udell（2002）把銀行貸款按技術劃分為四類：①財務報表型貸款，貸款決策中的主要信息來自貸款申請者的財務報表。②資產保證型貸款，貸款決策基於借款者提供的抵押品的質量。③信用評分技術，是在對中小企業信用評估中引入的預測信貸申請違約或者拖欠概率的統計技術。④關系型貸款，貸款決策所依據的起決定性作用的信息是通過長期和多渠道與企業接觸所累積的關於借款企業及其業主的私有信息。前三種銀行貸款被歸並為市場交易型貸款，決策中主要依據的是硬信息（Hard Information），而關係型貸款決策中主要依據的是軟信息（Soft Information）。所謂硬信息，指易於儲存、傳遞的定量化信息，其內容獨立於收集程序，如企業財務報表數據等；硬信息在銀企初次接觸時就易獲取，可以用統一的標準衡量。而軟信息是難以量化、傳遞和由第三方驗證的定性信息，如企業主的人品、可靠性等。

小銀行在收集處理軟信息上相對於大銀行具有比較優勢。大型銀行的組織層次多，軟信息不易在其溝通渠道間傳遞（Stein, 2002）。由於信貸員是不易於傳遞的軟信息的主要承載者，小銀行因為管理層級較少（Berger & Udell, 2002），或者因為貸款員與審批者之間的層級距離較近（Liberti & Mian, 2009），而在收集、處理和使用軟信息上具有了比較優勢。

小銀行優勢假說的邏輯可以概括為（杜創，2010）：①小銀行在處理軟信息上有比較優勢；②中小企業由於財務制度不健全等缺陷，不能提供合格的經過審計的財務報表，信息不透明程度高於大企業，並且常常缺乏抵押擔保品等，故基於硬信息的交易型貸款技術不適用於中小企業；③中小企業在借貸中依賴於軟信息，作為最主要的基於「軟信息」的貸款技術，關係型貸款技術最適合於中小企業貸款。所以，小銀行在向中小企業提供貸款上具有比較優勢。

從上述可以看出，小銀行優勢假說成立須有兩個前提：第一個前提是，由於不能提供經過審計的可信的財務報表，中小企業信息不透明程度高於大企業，故申請貸款時依賴於軟信息；第二個前提是軟信息不能「硬化」，即不能轉化為硬信息。

1.2 小企業信用評分技術的出現對小銀行優勢假說的衝擊

小企業信用評分技術（SBCS）是通過將中小企業業主（Owner）的信用信息以及與中小企業相關的有限信息相結合，借助數理統計方法來預測借款企業未來的信用表現。SBCS 的革新在於將業主的信息作為模型構建的重要輸入變量，而其依據是分析人員發現，中小企業的信用表現在很大程度上可以由業主的信用信息解釋（Berger & Frame，2007）。

作為一種新的貸款技術，SBCS 出現后不久就對中小企業融資產生了重大影響。基於 1998 年亞特蘭大聯邦儲備銀行對美國最大 200 家銀行的調查數據，從不同維度度量信貸可得性的研究結果均顯示，採用 SBCS 能夠顯著增加中小企業信貸的可獲得性：①引入使用 SBCS 后使得中小企業獲得的貸款數量顯著增加（Frame & Srinivasan & Woosley，2001；Berger & Frame & Miller，2005）；②銀行使用 SBCS 后，透明度較差、風險相對高的中小企業通過支付較高的價格獲得了信貸支持（Berger & Frame & Miller，2005）；③SBCS 的應用，使得大銀行對中低收入地區發放的中小企業貸款的增量是對高收入地區貸款增長的 2.5 倍，主要原因是 SBCS 減少了貸款人和低收入地區借款人之間的信息不對稱（Frame & Padhi & Woosley，2004）；④引入使用 SBCS 后中小企業貸款的期限明顯增加（Berger & Espinosa & Frame & Miller，2005）。

SBCS 將中小企業業主的信用信息作為模型構建的重要輸入變量，傳統的業主人品等軟信息實現了定量化處理。SBCS 在實踐中得到成功應用，表明軟信息可以通過一定技術方法轉化成硬信息，實現「硬化」（Harden）。而大銀行利用基於硬信息的交易型貸款技術 SBCS 向信息不透明的中小企業提供貸款，並顯著增加了中小企業的信貸可得性，從而對小銀行優勢假說形成衝擊。

不過 SBCS 出現早期，對小銀行優勢假說的衝擊還有限。其原因

如下：

第一，早期 SBCS 模型中業主的信用數據變量主要包括收入、淨資產、信用額度、逾期記錄以及破產情況等，對改善信息不透明問題的作用有限。該時期的研究表明只有在銀行使用其他貸款技術的時候同時應用 SBCS（即謹慎式銀行）可以改善企業的透明度問題，而銀行單獨使用 SBCS 審批貸款申請（即規則式銀行）反而可能加重信息不透明問題（Berger & Frame，2007）。在長期的銀企互動中能收集到的關於業主的有價值的信用信息大大超過上述變量的範圍。

第二，早期的 SBCS 模型除了利用有限的來自商業徵信機構（如 Dun & Bradstreet）關於企業的商業數據外，還嚴重依賴從消費者徵信機構（如 Equifax、Experian 以及 TransUnion 等）獲得的業主個人的消費信用記錄。所以，消費徵信機構等機構的發展水平制約著 SBCS 的應用與發展。SBCS 僅在有限的幾個發達國家得到較廣泛的運用；而在發展中國家，由於徵信機構發展水平低導致覆蓋人群範圍小，很難應用。

第三，在 SBCS 技術中，貸款金額越大，模型的準確性越依賴於關於企業的商業數據。由於商業徵信機構能提供的關於中小企業的數據種類和詳細程度限制，SBCS 的應用限於單筆金額 25 萬美元以下的貸款，而且主要是應用於單筆金額 10 萬美元以下的貸款。

1.3 新技術發展對小銀行優勢假說的衝擊

近年來，隨著電子商務、社交網路等產業的飛速發展，產生了新的信用數據來源；同時信用評估開始與大數據等新技術相結合，出現了充分利用互聯網數據的大數據徵信等新技術，突破了傳統 SBCS 的局限性，將深刻改變銀行貸款業態，極大地動搖了小銀行優勢假說成立的前提，對其形成新的更為強烈的衝擊。

1.3.1 電子商務提高了中小企業的信息透明度

傳統技術條件下，中小企業由於財務制度不規範等原因，無法

提供經過審計的值得信賴的財務報表，因而被認為信息不透明問題遠比大型企業嚴重，所以基於硬信息的貸款技術不適合於中小企業。但是，電子商務的發展極大地增加了企業的透明程度，改變了上述傳統狀態。

　　對於大量的中小企業而言，從事電子商務的最佳途徑是通過公共的電子商務平臺進行。電子商務平臺記錄著電商的各種數據，對其進行加工後可發揮與財務報表相似的信息功能，並且涵蓋面廣、信用價值高。這些信息包括電商企業的規模、行業、年齡等基本信息；庫存、進貨成本、產品售價、產品類型、交易量、交易額、交易頻率等經營信息（可加工成物流、現金流等重要的信用信息）；企業的信用記錄（客戶的評價、信用情況、被投訴情況及對糾紛的處理等）；經營態勢（在線上的活躍度，如在線時間、訪問量；網站的投入情況）。

　　基於電子商務平臺獲取信用數據的貸款實務近年來取得了迅猛發展。阿里巴巴集團擁有我國最大的電子商務平臺，早在2007年該集團就開始利用自己掌握的電商數據與工商銀行和建設銀行合作發放貸款。2010年阿里巴巴集團設立阿里小貸獨自開展貸款業務，截至2013年6月，阿里小貸發放貸款總額就已超過1,000億元，客戶超過32萬戶。蘇寧集團近年來向電子商務轉型，蘇寧小貸公司為蘇寧易購的線上線下融合發展提供金融支持，其開發設計的小微貸，通過對客戶各種交易數據和現金流的分析來實現貸前、貸中和貸後全流程管理。傳統銀行在新形勢下，也開始重視搭建自己的電子商務平臺，一個重要的目的就是為了獲得客戶的動態商業信息，為發展小微信貸累積數據、奠定基礎。如，中國建設銀行建立了自己的電子商務平臺善融商務，提供B2B和B2C客戶操作模式，涵蓋商品批發、商品零售、房屋交易等領域，為客戶提供信息發布、交易撮合、社區服務、在線財務管理、在線客服等配套服務，提供的金融服務已從支付結算、託管、擔保擴展到對商戶和消費者線上融資服務的全過程。交通銀行則建立了自己的電子商務平臺交博匯。銀行自建電商平臺，其目的就是為了獲得數據資源的獨立話語權，這已經成為銀行搭建電商平臺內在的驅動力。

我國近年來電子商務尤其是中小企業電子商務發展迅速，意味著電子商務平臺對企業的覆蓋面非常廣。艾瑞諮詢報告顯示，2014年中國電子商務市場交易規模達到 12.3 萬億元，同比增長 21.3%；其中，B2B 電子商務市場占比超七成，網路購物占比超兩成；中小企業 B2B 電子商務占比一半，中小企業 B2B 電商市場營收增長超三成；網路購物增長 48.7%，網路購物交易規模市場份額達到 22.9%，比 2013 年提升 4.2 個百分點。由於電子商務可以增加企業的透明度，在傳統信貸模式下無法獲得貸款的優質中小企業可以通過加入電子商務平臺顯示自己的信譽和風險類型，獲得資金支持（趙岳和譚之博，2012）。

1.3.2 信用評分技術適用範圍大幅度擴大

近年來，社交網路、電子商務、第三方支付、生活服務類網站、搜索引擎等飛速發展，其用戶大量瑣碎的、非標準化的信息在互聯網留下了痕跡，累積了海量的數據，為信用評分提供了新的個人信用信息來源。而人工智能、雲計算等的發展促進了大數據技術的發展。兩者結合催生了高效率、低成本的主要基於互聯網的新型徵信方式——大數據徵信，打破了對傳統消費徵信機構的依賴，有力地擴大了具有信用記錄的人群規模。從理論上講，大數據徵信可以覆蓋所有的互聯網用戶，大大拓寬了 SBCS 的應用範圍，突破了傳統上只有少數發達國家可以利用該技術的限制。以我國為例，根據中國互聯網信息中心第 36 次全國互聯網發展統計報告，截至 2015 年 6 月，我國網民總數已達 6.68 億人。根據騰訊公司的報告，2015 年一季度 QQ 月活躍帳戶數達到 8.29 億；微信每月活躍用戶已達到 5.49 億，微信支付用戶達到了 4 億左右。

基於互聯網的信用評估技術目前已經進入商業化實際運用。英國的 Wonga 公司是較早應用互聯網徵信的公司，該公司大量使用社交媒體和其他網路工具，將客戶的信息碎片關聯起來，預測客戶的違約風險，為其信貸業務提供依據。美國的 Zestfinance 將谷歌式（Google-Style，公司創始人是前谷歌公司首席信息官）機器學習和信用評分技術相結合，使用主要來自互聯網的海量數據對客戶進行

信用評估，取得了引人注目的業績，成為大數據徵信的代表和先驅。其他類似的還有 Zebit、AvantCredit 和 Kreditech 等公司。我國此領域的發展也緊隨其後。阿里巴巴旗下的芝麻信用是一套徵信系統，該系統除了收集來自政府、金融系統的數據，還會充分分析用戶在淘寶、支付寶等平臺的行為記錄，目前已經進入商用。騰訊公司正在開發的大數據徵信系統，主要運用其掌握的社交網路上的海量信息，比如在線、財產、消費、社交等情況，為用戶建立基於互聯網信息的徵信報告。聚信立進行信用評估使用的數據來源包括社交網站、電子商務網站、移動營運商、公積金、網上銀行、水電煤和航空公司網站等。對這些數據進行分析後，可以提供個人身分基本信息、收入支出信息、興趣愛好、個人影響力、社會關係等方面的相關分析報告。Wecash 閃銀根據申請人在社交媒體、SNS 社區等公開平臺上發布的信息，通過類似於 ZestFinance 使用的數據分析方法進行信用額度以及償還能力的評估。

1.3.3 支撐新型信用評估方法的技術

早期 SBCS 模型一般使用線性（或邏輯）迴歸法，儘管建模可能考慮多達 50~60 個變量，但是由於顯著的多重共線性，最后一般只使用 8~12 個變量。而如今的大數據信用評估技術會利用可以獲得的海量數據，變量數目出現爆炸性增長，傳統統計方法已很難有效地挖掘數據中蘊藏的信息。美國的信用評估公司 ZestFinance 開創了基於機器學習（一種人工智能）的信用評分技術，對於每一筆貸款申請，所分析的原始信息數據超過 1 萬條，得到模型中使用的行為測量指標超過 7 萬個。其所使用的機器學習算法，據稱是來源於谷歌公司處理全球海量搜索數據的方法。而雲計算的發展則為處理海量的複雜數據提供了廉價的計算能力。

1.3.4 新技術對關係型貸款的替代作用

金融市場發展的歷史，同時也是硬信息替代軟信息的歷史。金融領域的各種技術進步集中在硬信息的領域，而基於軟信息的技術基本上停滯不前。關係型貸款中，信貸員通過與業主面對面交流收

集其他基於硬信息的技術所不能收集到的某些軟信息,這是其優點同時也是其價值所在。其缺點是成本高、主觀性強、精確性差以及代理風險高。信息技術和互聯網產業的發展,催生了新的信用評估方法(信用信息收集、處理和分析技術),其收集的信用信息範圍涵蓋了關於業主能力、人品等方面的內容,並且能將其定量化處理,具有成本低、客觀、精確等優點。採用這些新型信用評估方法的貸款技術對關係型貸款的替代作用越來越強。

1.3.4.1 關係型貸款中收集的信息及方式

銀行貸款決策收集的信息,可以從不同角度進行分類概括。經典的 5C 信用評估法要求收集關於業主人品(Character)、資本(Capital)、能力(Capacity)、抵押(Collateral)和環境(Condition)五個方面的信息。關係型貸款本身要求全面地收集上述各方面的信息,但是在傳統技術條件下其相對其他貸款方式的優勢是其收集關於業主人品、能力等方面的軟信息。如 Berger 和 Udell(2002)所提到的,在關係型貸款中「由信貸員與企業業主通過長期、多渠道的人際接觸,或對企業所在社區和企業的利益相關者(股東、債權人、客戶和雇員等)的多維度聯繫而累積所得」的關於業主的人品、素質以及能力等方面的信息。小銀行優勢假說過於強調信貸員通過與業主面對面交流收集信息的意義。事實上,這些人格化信息的特點是具有「不可保證性」。況且,通過交往比較準確地判斷出對方的人品、能力等,要求信貸員具有全面的知識、豐富的經驗以及參加過系統的訓練等。這樣高技能的人才是極為稀缺的,對於小銀行而言更是難以吸引、培養和保留的。這主要是基於以下兩點原因:從職業生涯的發展來看,組織層次簡單的小銀行的發展空間非常有限;小銀行能提供的報酬(薪酬、社會聲望等)也不足以和大銀行競爭。

當然,業主的人品、能力等信息存在於一定的社會關係網路中,這種網路的結點常局限於家人、親朋好友、同事等群體,在傳統的技術條件下無法從公開渠道獲得。這是由信貸員人工收集信息的優勢之所在。

從關係型貸款的信息收集過程來看,小銀行優勢假說誇大了該方式收集信用信息的有效性。關係型貸款基於長期的銀企關係開展,

而現實條件難以滿足。首先，現實中小企業的壽命普遍很短。其次，人員流動和崗位輪換越來越頻繁是當今各行業的一個顯著特點。由於發展空間有限等原因，企業越小其人員越不穩定。在離職前，小銀行的第一線的信貸員很難有足夠時間生產此類信息。即使有時間能夠生成此類信息，由於難以儲存、傳遞和驗證的特性，在信貸員離職后，這些信息也就無法再使用。

1.3.4.2 新技術利用網上行為痕跡獲取同類信息

小企業信用評分法利用中小企業業主的收入狀況、財產、可獲取的信用額度、信用記錄（違約記錄，破產等）和信用查詢情況等信息，實現了預測業主的信用表現。此方法中，評估對象的違約記錄、查詢情況，在一定程度上能夠反應其人格情況。但是，這只是利用了靜態的信用數據。近年來發展起來的新型信用評估方法，重點利用互聯網獲取評估對象（人）的信用記錄和行為記錄，能更為全面地反應其人格情況，可替代傳統的關係型貸款中信貸員通過面對面交往所能獲取的信息。

新技術基於互聯網進行信用評估，除了可以收集與傳統徵信機構所收集的相同的信用信息，如個人身分基本信息、銀行卡與信用卡交易數據、收入支出情況（如第三方支付工具的使用記錄）、信用歷史（如違約情況）外，還利用成本與技術優勢，收集的信用數據種類和詳細程度極大地提高，包括評估對象的情緒、興趣愛好、購物習慣、理財、教育背景、過往經歷、住址、搬遷歷史等；甚至還可收集到其日常生活中的細枝末節（申請人的 IP 地址、電話帳單、租賃歷史）。

新型評估方法收集信息除了成本（效率）優勢外，還更為全面、精確。這不僅因為收集的信息更全面，還在於形成判斷的方法不同。關係型貸款中，信貸員使用本人獲取的主要屬於主觀感覺的信息，依據個人經驗（樣本非常有限）形成關於評估對象的人格的判斷。新型評估方法利用互聯網收集到的海量的碎片信息，聚合描繪出評估對象在互聯網上的行為軌跡及歷史信息，推斷出其行為偏好、身分特質、興趣愛好、個人影響力和社會關係狀況，根據歷史數據（大樣本、甚至是總體數據）建立模型進行定量化分析，形成對評估

對象的社交活躍度、社交密度、社會影響力等方面地評判，最后形成對其人品的定量判斷。

有人認為誠實性等人格特徵具有難以把握的特點，必須依靠經驗，通過面對面交流對對方人品進行判定，這似乎是關係型貸款仍然不可被替代之處。事實上，心理學理論認為誠實等人格特徵是可以測試的（章瑜，2006），即這些信息雖然傳統上屬於軟信息，但卻是可以硬化的。實踐中也發展出了替代傳統的面對面收集此類信息的方法。比如阿里小貸公司就引入了一套心理測試系統，可以通過視頻對話對中小企業主進行分析，判斷其性格特質，測評其誠實程度。

1.4 主要結論與政策建議

1.4.1 小銀行優勢假說成立的前提受到嚴重衝擊

小銀行優勢假說產生的背景是，在20世紀80年代至90年代，西方發達國家銀行業出現了兼併風潮，大量的小銀行消失，這引起了學術界對此會加重中小企業融資難問題的擔憂。不少研究從小型銀行在中小企業貸款市場占比高這一現象出發，挖掘小銀行占優的原因，具有一定程度的辯護性質。

在各種對小銀行優勢現象的論證中，以 Stein（2002）、Berger 和 Udell（2002）為代表的從信息角度的分析解釋比較完善。從他們的論證中可以看出，小銀行優勢在於組織層級少而利於使用軟信息進行貸款決策，其成立的兩個根本前提條件是：①中小企業貸款依賴於軟信息；②軟信息不能硬化。但是，技術進步和電子商務的發展，已經改變了這兩條小銀行優勢假說賴以成立的前提。電子商務的發展使得中小企業的信息透明度大幅度提高——現今可從電子商務平臺獲取各種硬信息，從而解決了財務報表不可信的問題。社交網路、搜索引擎、大數據技術的發展，提供了替代傳統的面對面的信息收集方式的方法與渠道，引發了新型信用評估方式的出現，實現了對申請貸款企業業主人格等方面的軟信息的硬化。

1.4.2　基於小銀行優勢假說的政策主張存在嚴重缺陷

在特定歷史條件下，很多國外的實證研究發現了支持小銀行優勢假說的證據（多數為間接證據）。我國很多人據此提出應該依靠發展小銀行來解決中小企業融資難的問題，甚至應該建立以小銀行為主的金融結構。但是，這一主張存在嚴重的缺陷。

首先，這一主張忽視了貸款技術發展的歷史趨勢。金融市場的進步集中在基於硬信息的技術，而基於軟信息的技術發展非常緩慢。關係型貸款中人工收集軟信息，屬於非常初級的、發展進步遲緩的技術。而基於硬信息的貸款技術，如在20世紀90年代發展出了小企業信用評分技術，進入實踐沒幾年就對小企業貸款業務產生了巨大的影響。近年來更是出現了具有革命性進步意義的大數據徵信，將對銀行貸款業務產生更為深刻和廣泛的影響。通過發展小銀行來解決融資難問題的主張，顯然是忽視了這一技術發展趨勢。大數據徵信等新技術還不成熟，目前還不能完全替代信貸員通過與業主面對面交流收集信息這一方式，我們也應該仔細考慮這一趨勢。因為發展進步著的新生事物取代停滯的舊事物，是這個世界的普遍規律。

其次，有效開展關係型貸款的一些必要條件在我國的現實中不具備。①對於大量的中小企業而言，其生命週期不過三、四年，銀行也就不會有與其長期合作的預期；而關係型貸款必須基於長期的銀企關係來開展。②開展關係型貸款中通過面對面交流等方式收集信息來判斷業主人格能力等，要求信貸員具有非常全面的知識和高超的技能，小銀行難以招募到或者保留滿足這樣要求的一支信貸員隊伍。

如果為了解決中小企業融資難問題而建立以小銀行為主的金融結構，將增加金融系統風險。小型銀行本身的抗風險能力不如大型銀行。規模經濟對金融行業具有根本的意義，小銀行具有內在的動力發展規模。加上大量的小銀行之間進行激烈的競爭，必然導致大量的兼併現象出現。為了維持足夠多的小型銀行，必須降低新設銀行的門檻。如此，新設的小銀行本身素質下降，而監管對象數量劇增，將對金融監管能力形成嚴峻的挑戰，金融系統風險將顯著上升。

最后，值得指出的是，金融系統一個最重要的功能是資源配置。從資源配置效率看，小銀行不如大銀行。當存在相互競爭的投資項目時，小銀行在各自的小範圍內進行決策，資源配置效率顯然不如由大銀行集中資金在更廣範圍內進行決策。此外，金融系統應該支持整體經濟發展戰略。小銀行的資金實力微弱，對於高風險的自主創新活動無力提供支持。所以建立小銀行主導的金融系統不利於建設創新型國家，不符合我國整體經濟發展戰略。

1.4.3　政策建議

我國應該停止執行大量新設小型銀行的政策。至於如何解決中小企業融資難問題，應該將目光投向大數據徵信這一極具發展前景的技術。我國電子商務發展處於國際領先水平，同時互聯網普及率高、人口多、數據量大，為開展大數據徵信提供了良好的基礎條件。

而如何利用大數據徵信技術發展提供的機遇，促進我國信用體系建設實現跨越式發展，是當前一項重要課題。

2 小企業信貸可得性問題的分析框架

小銀行優勢假說是以銀行向小企業提供融資服務為討論對象的，目的是提高小企業信貸可得性（Credit Availability），解決小企業融資難問題。但是在 Berger 和 Udell（2006）提出較為完整的小企業信貸可得性問題分析框架前，相關研究往往忽視了某些重要的影響因素，或者分析是建立在不穩固的前提假設之上。

在 Berger 和 Udell（2006）所建立的分析框架中，貸款技術居於核心地位，其他影響因素，包括政府政策、信貸基礎設施（The Lending Infrastructure）和金融結構等，都是通過影響貸款技術來影響小企業的信貸可得性。即銀行選擇採用不同的貸款技術，將直接影響小企業的信貸可得性，而政府政策、信貸基礎設施和金融結構等會影響銀行選擇採用的貸款技術，以及貸款技術的有效性，從而間接影響小企業的信貸可得性。

金融結構包括不同金融機構類型的構成比例以及它們運作的環境。如大銀行與小銀行的佔銀行業的比重、外資銀行與內資銀行的比例、國有銀行與私人銀行的比例、市場競爭程度等。在 Berger 和 Udell（2006）所建立的分析框架中最為重要的部分，也是以往研究往往忽視了的是信貸基礎設施，其對貸款技術的選擇和有效性具有非常強烈的影響。

2.1 信貸決策中收集和使用的信息及類別

在小銀行優勢假說的相關研究中，對貸款技術種類的劃分是以

貸款決策中所收集、使用的信息種類為基礎的，所以有必要從信貸決策中所收集和使用的信息及其類別的分析著手。

2.1.1 信用分析的內容

銀行業在長期的借貸實踐中，對客戶的信用分析經歷了一個不斷豐富與發展的歷程。概括起來，信用分析的內容決定了所收集使用的信息，一般有「5C」「5P」和「5W」等方法，其中「5C」法最為經典，也最具有代表性。

2.1.1.1 信用分析的「5C」法

銀行業進行信用分析應考慮的要素最初是「3C」，即 Character（人品）、Capacity（能力）和 Capital（資本）三個方面的要素。在 20 世紀 40—50 年代，美國銀行業在「3C」的基礎上再引入了 Collateral（抵押）和 Condition（條件），從而形成了「5C」法。

Character（人品）指客戶努力履行其償債義務的可能性，即償債的意願，是評估顧客信用品質的首要指標。在使用「3C」法的年代，一般認為在審查時，人品要占 40% 權重，其他兩項各占 30%。當分析對象是個人時，人品是指該借款人的誠實度、生活方式、努力程度等方面的情況；當分析對象是法人時，人品是指其管理的完善程度、行業聲望等，但在分析時往往要落實到具體負責人的人品上，尤其是對小企業的分析往往等同於對業主（Owner）的分析。

Capacity（能力）是指借款人到期還本付息的能力。借款人償債的資金來源一般來自於三個方面：經營收入、其他資產和新的融資。其中最為重要的是企業的（投資項目）未來的經營收益或者現金流量。信貸基礎設施投資項目的前景的預測可從兩方面入手：一方面，銀行可根據自己所收集的與項目本身相關的信息進行直接分析；另一方面，可基於對企業負責人的情況進行分析判斷，如果負責人具有良好的業務能力、深刻的市場洞察能力以及豐富的行業經驗等，那麼對項目的前景可以看好。

Capital（資本）指借款人的財務實力和財務狀況。除了要分析借款人的資本額（代表其財務實力）外，還要分析資本結構（代表其財務狀況），如負債比率、流動比率、速動比率、有形資產淨值指

標等。

Collateral（抵押） 指借款人拒絕還款或無力還款時能被用做抵押的資產。銀行需要收集瞭解抵押資產的價值、流動性以及權屬等法律問題方面的信息。當借款人無法提供抵押品時，也可以提供擔保人，此時銀行轉為收集擔保人的相關信息。

Condition（條件） 指可能影響借款人還款能力的經濟環境。銀行需要收集借款人所處的外部的經濟環境信息，主要包括經濟週期、社會環境、政策走向、產業發展趨勢等。

2.1.1.2 信用分析的「5P」法

跟「5C」法相比，「5P」法所考察的要素大同小異，主要差別在於將信用要素從不同的角度進行了重新劃分，以便於理解。

個人因素（Personal Factor）。主要收集分析以下幾方面的情況：企業經營者的人品，如是否誠實，信用記錄情況等；借款人的還款意願；借款人是否具有可供抵押的資產或能否提供擔保人；企業經營者的能力，如領導才能和經營管理能力等。

目的因素（Purpose Factor）。借款的目的包括擴大經營規模、調整資本結構或者前述兩者的混合。對於擴大經營規模的借款申請，主要收集相關信息分析項目的可行性，既包括項目的經濟可行性（如淨現值、內部收益率等指標），也包括項目的技術可行性。

還款因素（Payment Factor）。還款因素指償債資金的來源是否具有自償性和償還時間安排是否妥當等。償債資金的基本來源是經營活動產生的現金流量，故需要收集分析投資項目的現金流量情況。另外一個可能的償債資金來源是資產變現，此時需要收集分析企業資產方面的情況，如資本結構等。

保障因素（Protection Factor）。保障因素指收回貸款的保障因素，包括內部保障因素（如企業的財務結構是否穩健和盈利水平等）和外部保障因素（如抵押資產、擔保人等）。

前景因素（Perspective Factor）。主要需要收集分析借款人的發展前景，包括其競爭能力、產品的生命週期、未來的財務狀況等因素。

2.1.1.3 信用分析的「5W」法

信用分析的「5W」法所收集處理的信息也沒有超出「5C」法

的範圍，仍然是從不同角度的劃分與整理，其內容如下。

Who（貸給誰），即收集瞭解借款人的情況，包括借款人的信用記錄、還款能力和經營情況等。

Why（為何貸款），即借款人為何要借款，主要需要收集借款人借款的用途和目的。

What（以什麼作擔保），主要收集分析借款人以何物或以何種方式作貸款的抵押或擔保。

When（何時歸還），即借款人何時能歸還貸款，為此收集分析相關信息。

How（如何歸還貸款），即借款人如何歸還貸款。

2.1.2 信用信息種類的劃分：硬信息與軟信息

在相關文獻中，常常將銀行貸款過程中收集、分析的信息分為硬信息和軟信息。這一對信息種類的劃分又進一步成為對貸款技術種類劃分的基礎。

軟信息和硬信息，這兩個術語很早就出現在金融學理論與實證文獻之中了，但是並無統一的定義，兩者之間的差別也不是很明確。Scott（2003）認為硬信息可以在沒有數據收集人員幫助的情況下通過表格形式反應，其獲取可以根據客觀的標準，如財務報表、財務比率指標等，而軟信息不容易被觀測、被他人證實和傳遞，難以量化，必須依靠人與人之間的密切交往才能獲取。Liberti（2003）認為，硬信息指低成本、即時可被證實的信息，軟信息是以高成本方式獲取卻無法被第三方證實的信息。但是這些描述還不足以全面準確地涵蓋硬信息與軟信息的特點。

2.1.2.1 硬信息與軟信息的含義

Diamond（1984 & 1991）以及 Ramakrishnan 和 Thakor（1984）等指出了銀行等金融機構與公開債券市場之間角色的區別部分在於銀行收集和處理某些種類信息時具有自己的特有優勢。公開的債券市場在評級機構的幫助下所從事的工作與銀行其實是相同的，都是為企業債務籌資服務。不同的是，各自專注收集和處理的信息類型不同。公開的債券市場和評級機構收集的是公開披露的財務信息、會

計報告和違約記錄，這些都是硬信息，它們都可以簡化為一系列的數字。而銀行所收集的信息，如企業經理的能力、誠實性以及在壓力下的反應方式等，就不是以硬數據的形式存在，也不容易準確地簡化為一個數值得分。銀行收集的這些信息屬於軟信息，軟信息不易於傳遞（Petersen & Rajan, 1994）。

Stein（2002）探討了硬信息、軟信息與組織結構之間的關係。在很多產業，同時存在大型與小型企業。有些人可能認為，某一居於統治地位的生產技術將導致統一的企業規模。但是，如果信息的收集處理和傳輸對於生產過程至關重要（如銀行或者藥物研發），那麼生產過程輸入的信息的不同類型（軟信息或者硬信息）將決定公司會專注的市場某特定部分。某些公司會專注於基於軟信息的生產過程，而某些公司則會專注於基於硬信息的生產過程。Stein（2002）認為，垂直層級較多的企業，由於決策者距離信息收集者更遠，更傾向於使用基於硬信息的生產技術。大銀行由於組織層級多，被認為在發放關係型貸款上——即基於軟信息決策的貸款——效率較低。在大型銀行中，信息收集者和決策者通常是分離的。所以，決策所依據的信息必須是易於在不同組織層級或者物理距離之間傳輸的，這些信息還必須是具有統一的解釋，而不依賴於其收集過程的背景，具有這些特徵的信息屬於硬信息。大型銀行具有更多的管理層級，即垂直型組織結構。所以大銀行對貸款的監控也必須更多地依據硬信息。

Petersen（2004）總結了文獻中的軟信息與硬信息的差別。他認為軟信息與硬信息的差別在於以下幾個方面。

首先，硬信息幾乎總是表現為數字。所以，公司的財務報表、支付記錄等屬於硬信息。而軟信息一般表現為文字，比如觀點、主意、傳言、管理層申明以及市場評論等。硬信息作為定量信息意味著其易於收集、儲存和電子化傳輸。這也是計算機、大數據以及互聯網網路進步推動的技術進步主要集中於基於定量化硬信息的交易型借貸技術的原因。硬信息精確，而軟信息模糊。硬信息描述了某一事件的實際狀態，是事實性的並具有客觀性，可以用它的確實性來加以檢驗，或可以用某種公認的衡量標準來判斷它的正確性，具有精確

性。例如,企業的月財務報表,是企業當前財務狀況的真實反應,並按照一定的會計報表規則計算得出,可以用數量來衡量。而軟信息中含有信息提供者的偏好、知識、主觀信念、價值判斷等因素,並與個人的主觀、客觀背景有關,其正確性無法用客觀的標準來度量,要由信息接受者根據自身的知識和經驗來加以判斷。

其次,兩者在收集方法上存在顯著區別。硬信息的收集可以通過填寫表格完成,不必由人親臨現場。這就可以極大地減少收集信息時面臨的時間與空間限制;通過計算機及網路,可以在任何時間收集任何地方的硬信息。當然,該種實際方法可收集的信息範圍有一定的限制,一些信息只有通過人工面對面進行收集。

再次,硬信息更易於比較。使用硬信息進行決策的人可以不是收集信息的人。公司的銷售收入是硬信息,對於去年的銷售額為1億元這一事實,人們存在高度一致的理解。但是,當我們說某人很誠即時,不同的人可能有不同的理解。當然,對於某項軟信息,可以很簡單地設立一個數值分。比如,可以設立一個誠信指數;或者金融市場透明指數。但這並未實現軟信息的硬化。因為對於具體的某個誠信指數值,不同的人可以有不同的理解。對於硬信息,其含義應該完全取決於信息本身。(硬信息的)收集者將信息編碼后傳遞給決策者以進行決策,決策者應該知道信息收集者所知道的全部。

最后,對於軟信息,收集信息的背景以及信息收集者本人也屬於信息的一部分,兩者不能分離。所以,軟信息需要人工收集,並且常常要求決策者本人是信息收集者。而硬信息的收集者與決策者可以分離,所以可以將信息收集或者決策委託給他人。不過,使用硬信息決策,也要求事先知道哪些信息在決策中是可能有用的。軟信息的另外一個特徵是:當我們去收集信息時,並不能確定將發現什麼,或者收集到的信息為什麼有價值——這可以稱為經歷(Experience)。當我們決策時,回憶起所收集的信息(經歷)時才清楚其價值。如果不清楚什麼信息將要用到,或者不明白信息的哪些部分與決策有關,就難以對其進行編碼和編目(Catalog)以備將來使用。而知道需要搜尋什麼信息以及為什麼這些信息是有價值的,對於信息收集、基於該信息的決策委託給他人是至關重要的。如果清楚要

收集的信息是什麼，就可以制定收集信息的指引，然后將收集過程委託給他人甚至使用網頁完成收集過程。硬信息的效率高（人工耗費少）的部分原因是其收集與處理可以委託給他人或機器完成。相關專家列出信息收集與處理的規則或者程序后，就不再需要參與到實際的數據收集過程中。專家的知識已經被融入到數據收集規則中。如果信息是硬信息並且知道所有答案，那麼決策自動化就成為可能——比如貸款申請的自動化審批。

2.1.2.2 硬信息與軟信息的比較

選擇使用硬信息還是軟信息進行決策，需要在信息收集處理的成本與潛在的信息精確性的損失之間權衡。Petersen（2004）從成本、耐久性和信息損失等角度對軟信息與硬信息的優缺點進行了比較。

(1) 成本

使用硬信息的一個最主要的優勢是其降低了交易成本。原因包括：①基於硬信息的交易易於自動化，信息收集和處理可以由計算機完成，從而節約昂貴的人工成本；②使用硬信息更為標準化，而標準化可以通過規模經濟降低成本。基於信用評分審批貸款申請的計算機系統一經設計建造，其審批申請的邊際成本便非常低。美國的信用卡市場最初是基於關係型借貸的市場，但是在引入信用評分技術後，該市場如今已經被大型銀行統治，其原因就在於規模經濟。

信息一旦標準化和易於傳輸，即變為硬信息，其收集和所有者就更難於保密和索取租金。比如，美國早期的徵信機構，公開提供的信息只有摘要，如需某個客戶的更詳細的信息則需向其購買。但是，這些詳細信息必須是軟信息，對於硬信息，將很快傳播開來而無法保持對這些信息的控制。

而軟信息，比如市場評論、社會傳言、經濟預測、企業主個人素質、社會關係、人脈資源的收集和分析成本很高。原因在於其結構複雜（非結構化或半結構化信息）、內容龐雜、格式多樣，其加工、解讀、使用難度大，在傳統技術條件下還需要耗費很長時間通過面對面的交流收集獲取。

(2) 耐久性

硬信息的耐久性比軟信息強。其易於保存，意味著存儲硬信息以備未來決策使用的成本比軟信息較低。對硬信息的解讀無須瞭解其收集的背景，意味著其可以傳遞給組織中其他部分的人員，而他們無須參與數據的收集過程。而使用軟信息決策必須是信息收集者。在如今的金融行業中，人員流動性不斷增強，從信息的存儲角度看，使用硬信息替代軟信息就是難以避免的了。

(3) 信息損失

使用硬信息的通信成本較低的部分原因是其信息量較小，故傳輸時需要的帶寬（Bandwidth）較小。

用硬信息取代軟信息不可避免地將導致部分信息損失。比如在使用信用評分進行貸款審批中，經過對有限的定量化變量評估後將其歸結為一個信用分數，然后根據該分數作出同意或者拒絕貸款的決定。而在傳統的關係型貸款決策中，情況大不一樣：可能先要花費數小時討論申請人的投資計劃，然后依據信貸員多年與其接觸的經驗作出決定。顯然，前一決策過程需要的信息較少。如果處理信息不需要成本的話，壓縮信息不能算好事。但現實是，貸款審批委員會或者風險管理委員會成員們的時間與注意力都是有限的，為了防止信息過載（Overload），他們在作出決策時需要將信息進行濃縮，只保留對於決策而言重要的部分。

2.1.2.3 軟信息的硬化

所謂軟信息的硬化，指將軟信息轉變為硬信息。從市場發展歷史來看，由於實踐的需要，金融交易所使用的信息表現出硬化的趨勢。

軟信息硬化的一個典型例子是信用評級。在信用評級出現前，商人們根據個人之間交往的經驗來決定是否授予對方商業信用，屬於典型的基於軟信息的決策。但這不能滿足在更大範圍內陌生人之間進行交易的需要，如不出現突破，就會限制交易的進一步發展。信用評級就是在這樣的背景下出現的。信用評級機構在各地派駐人員，通過當地的商人、律師和銀行收集相關信息，如關於企業及業主、業主人品以及家庭的事實和傳言等，然后將這些軟信息加工成

精確的、標準化的評級信息（Cohen，1998）——由此實現了軟信息的硬化。

信貸決策中軟信息轉化為硬信息的過程，實質上屬於知識管理理論中所討論的隱性知識顯性化的過程。隱性知識是高度個人化的知識，具有難以規範化的特點，因此不易傳遞給他人；它深深地植根於行為本身和個體所處環境中，包括個體的思維模式、信仰觀點和心智模式等。將隱性知識轉化為顯性知識是典型的知識創新過程，人們將自己的經驗、知識轉化為語言可以描述的內容，是從感性知識提升為理性知識，將經驗轉變為概念的過程。貸款自動化審批程序就是專家知識的規則化、顯性化的結果。

從相關文獻來看，一般把關於企業業主等個人的信息，如人品、能力（5C 中的第一個 C，Character）等劃分為軟信息。這部分信息在傳統技術條件下只有通過信貸員與業主直接接觸交往或者通過社區其他人員收集瞭解，所形成的也是難以標準化、由第三方驗證的軟信息。但是任何人的人品、能力等通過其言行表現出來。在社交網路高度發展的條件下，人們的言行都會在互聯網上留下痕跡，借助搜索引擎和大數據技術，可能將這些痕跡收集整理出來，從而對其人品等進行定量化評分——即也可以實現對此軟信息的硬化。

2.2 貸款技術的種類

在以往的相關文獻中，往往把貸款技術劃分為四類，即財務報表型貸款技術，小企業信用評分技術，資產抵押型貸款技術和關係型貸款技術。其中前三種又被歸並為交易型貸款。但是，從 Berger 和 Udell（2006）開始，近年來的文獻對貸款技術的劃分更為詳細。比如 Berger 和 Udell（2006）將貸款技術劃分為八種，而 Berger 和 Black（2008）則識別出了十種貸款技術（見表 2.1）。

對貸款技術的分類，可從下述幾個維度來進行劃分：①貸款決策中首要的信息來源；②審查與徵信的政策和程序；③貸款合約的結構；④監控策略與機制。在某些時候，不同貸款技術之間僅僅是

在上述維度中某一個方面存在差別。比如基於固定資產的抵押貸款和融資租賃，僅僅在合約方面（固定資產的所有權）存在差別。當然，也可能在多個維度上存在差別，如小企業信用評分和基於資產的貸款，在首要信息來源和監控機制上都有所不同。雖然在很多情況下，如決策中第二信息來源、監控機制等也會被使用，但是定義貸款技術首先是根據貸款決策中的首要信息來源來進行的。

相關文獻識別了不同的銀行貸款技術，對這些技術使用的信息及種類、適用條件等進行分析對於小銀行優勢假說的深入理解、評判十分必要。

2.2.1 財務報表型貸款技術

財務報表型貸款技術特別重視來自企業財務報表的信息，是否發放貸款以及貸款合同條款的確定主要是根據企業的報表，如資產負債表和損益表來決策。一般認為，財務報表型貸款技術適用於報表經過值得信任的審計且信息相對透明的企業。所以銀行主要是在向大型企業發放貸款時採用此技術。當然，某些小企業具有較長的歷史，其財務報表經過可信的審計，信息透明度較高，也適用於此技術。

財務報表所提供的信息包括企業資本規模、結構、盈利以及現金流量等，可以提供關於企業短期和長期償債能力、盈利能力等方面的信息。從信息的軟硬角度來看，這些信息都屬於硬信息。從「5C」評估法的角度來看，財務報表型貸款技術主要收集使用的是資本和能力方面的信息（即 Capital 和 Capacity），但是沒有也不會收集使用到關於企業負責人（業主）能力、人品等方面的信息，即不包括 Character；也不包含關於產業、宏觀經濟等未來環境方面的信息，即不包括 Condition。從這些信息的收集渠道來看，在傳統的技術條件下，外部機構只能通過財務報表獲取。不過在電子商務中，相關信息也可通過電子商務平臺獲取或至少可以通過電子商務平臺獲得信息對企業財務報表的真實性進行驗證。關於這一點，本書將在以後章節專門討論。

2.2.2 小企業信用評分技術

小企業信用評分技術主要是利用小企業所有者（Owner）的個人信息（如個人消費信用數據等）以及有限的關於企業本身的一些信息，利用統計技術構建模型給出信用分值來預測貸款未來的績效表現。

小企業信用評分法試圖收集 5C 評估法要求的各方面信息，但是實際所能使用的信息受到信用仲介（一般是消費徵信機構和商業徵信機構）所能收集和提供的範圍的制約，而這又受信息技術發展水平和信用仲介產業發展水平限制。從 20 世紀 90 年代和 21 世紀初期小企業信用評分技術的實踐來看，其收集使用的信息主要是關於業主個人的信息，既包括業主個人的人品（通過信用記錄、破產記錄等反應），也包括業主的資產、收入等財務狀況，而企業本身財務狀況的重要性相對較低。此技術的成功應用，反應了一個重要事實：業主人品等方面的軟信息可轉化為定量的硬信息。

此技術出現於 20 世紀 90 年代，之后對小企業融資產生了重大影響，近年來又與大數據技術等相結合，將對小銀行融資業務和小銀行優勢假說產生更為強烈的衝擊。本書將在以后章節專門對此進行分析闡述。

2.2.3 資產抵押型貸款技術

資產抵押貸款技術的特點是，在解決企業信息不透明問題時，關注企業部分價值易於確定的資產，如應收帳款或存貨，以這些資產為抵押發放貸款。其中對抵押物價值變動的監督非常重要。抵押本身並不構成此技術區別於其他貸款技術的特徵，如財務報表貸款、關係型貸款以及信用評分等，也常常將抵押資產作為還款的第二來源。關鍵區別是，資產抵押型貸款其信用決策首要依據的是抵押物的價值而不像其他幾個技術那樣關注企業整體的信用價值。

存貨的種類繁多，其物理特性適合抵押的品種只是一小部分；從生產過程來看，多數存貨也不適合抵押。所以在傳統條件下基於存貨抵押的貸款不適合大多數企業。不過近年來我國商業銀行開發

了倉單質押貸款，其本質上屬於一種存貨抵押貸款。企業在滿足存貨管理目的的前提下，可以充分利用倉單質押貸款。開辦倉單質押貸款業務，首先要求商業銀行針對供應鏈內企業的存貨性質和特點，以及上下游配套企業的地理位置選擇存貨運輸便捷的地點設置專門庫場，用於儲存企業的質押存貨，或者選擇合適的專業倉儲企業進行合作，共同搭建倉單質押貸款業務平臺。

對於應收帳款抵押貸款，核心是對應收帳款估價，此時轉為對應收帳款債務人的信用評估。所以此技術適用於應收帳款債務人信息為透明的企業。近年來發展的供應鏈金融，其中就強調供應鏈上的大企業的作用。

2.2.4 固定資產抵押貸款技術

這種貸款技術的特點是以房地產、機器設備等固定資產為抵押。與資產抵押型貸款中所抵押的應收帳款或者存貨等流動資產不同的是，固定資產的價值比較穩定。所以，固定資產抵押貸款在信用評估程序，合約結構以及監控機制等方面區別於資產抵押型貸款。首先，其重點是評估固定資產的市場價值。其次，合約結構上的特點是，初始的貸款抵押比小於貸款，分期結構上的特點是最后還款期小於資產的生命週期。在此種類型的抵押貸款中，對抵押物的監控並不是問題。

2.2.5 融資租賃技術

這種貸款技術的特點是，貸款方是以出租人的形式出現，在很多國家的大型設備以及不動產等融資中應用廣泛。當借款者需要貸款購買固定資產時，由金融公司或者銀行等出租人購買該固定資產，然后租賃給借款者使用。這個時候銀行和借款者簽訂的實際上是租賃合約，但與經營租賃合約不同的是，承租者可以在租期結束的時候以預先規定的價格從銀行取得該固定資產。

顯然，融資租賃是一種交易型貸款技術。因為其信用評估實際上是基於關於租賃資產價值的硬信息，這一點與資產抵押型貸款、保理以及固定資產抵押貸款等相似。由於此技術從根本上講是基於

資產價值進行決策，所以可以用於解決借款企業信息不透明問題。Chemmanur 和 Yan（2000），Hendel 和 Lizzeri（2002）以及 Gilligan（2004）的研究還表明，融資租賃能消除逆向選擇問題。

進入融資租賃交易標的的固定資產範圍比較有限，所以只適用特定的一些行業的企業，常見於航空運輸等。

2.2.6 應收帳款保理技術

在應收帳款保理業務中，貸款人作為保理商購入借款人的應收帳款。作為一種基於資產的貸款技術，應收帳款保理關注抵押資產（應收帳款）的價值而不是借款企業整體的價值或者風險。保理在三個方面區別於一般的基於資產的貸款：①保理只接受應收帳款；而一般的基於資產的貸款還可接受存貨；②在保理中，資產是賣給了貸款人；③保理實際上是三項金融服務的集合：融資、信用和收取應收帳款。在多數保理活動中，借款人除了獲得融資外，還將其信用和收款活動外包。

保理是交易型貸款技術，因為其徵信過程是基於硬信息（借款人應收帳款的價值）展開的。保理解決不透明問題的方式是關注（應收帳款）債務人的質量而不是借款人的質量。保理業務的核心是處理應收帳款，比較適合應收帳款占總資產比重高的小企業。

不同國家在使用保理方面存在顯著差異。比如2002年，保理金額占 GDP 的比例，義大利是 11.9% 而瑞士是 0.9%（Bakker & Klapper & Udell，2004）。

2.2.7 關係型貸款技術

關係型貸款技術中，銀行進行貸款決策所依據的信息主要是通過與企業及業主長期往來以及其他多種渠道收集而成的，並且起最關鍵作用的是軟信息。關係型貸款的基本前提是銀行和企業之間必須保持長期、密切而且相對封閉的交易關係。Berger 和 Udell（2002）指出，關係型貸款中銀行收集信息的途徑除通過提供多種金融服務的方式之外，還可以通過接觸當地社區範圍內其他成員獲取，如企業供應商、顧客甚至居民。通過這些渠道收集到的信息對銀行處理

信息不透明問題能提供實質性幫助。

需要指出的是，關係型貸款也試圖收集各方面的信息（5C 中的各方面信息均在其收集的範圍內），但是其相對於其他技術的特點是強調關於業主人品等方面的軟信息，並且其對這些軟信息的收集是通過建立長期密切的銀企合作關係來實現的。而這一點在信息技術、人們的生活方式以及商業經營方式等發生改變的情況下，也可能發生改變。由於關係型貸款是小銀行優勢假說的核心內容，本書在后面章節將對此進行專門的分析闡述。

2.2.8 判斷型貸款技術

這是一種利用信貸員職業素養和經驗的基於軟信息的貸款技術。當銀行與企業之間不存在緊密的關係時，判斷型貸款技術可能作為關係型貸款技術的一種替代技術而存在。對於一些年輕的小型企業而言，其業務開展的年限並沒有長到足以與銀行建立很緊密的關係，此時信貸員可能會依賴其他類型的軟信息，如貸款員自身的素養與經驗去評判企業的信用。根據 Berger 和 Black（2008）的調查，在實踐中判斷型貸款技術的應用比關係型貸款還要廣泛（見表 2.1）。

表 2.1　Berger 和 Black（2008）識別的十種貸款技術

	貸款技術	在中小企業貸款中所占比例
1	租賃型貸款	4.84%
2	商業房地產抵押貸款	15.45%
3	居住房地產抵押貸款	7.64%
4	機動車輛抵押貸款	14.96%
5	設備抵押貸款	9.47%
6	應收帳款和存貨抵押	9.02%
7	財務報表型貸款	8.94%
8	小企業信用評分技術	11.83%
9	關係型貸款	4.07%
10	判斷型貸款	7.64%

2.3 信貸基礎設施

信貸基礎設施，如信息、法制、稅收以及社會環境等，會直接影響貸款技術本身的效能和發展，從而影響銀行對貸款技術的選擇並最終影響企業信貸的可得性。實證研究發現，信貸基礎設施越好的國家，信貸可得性越高。

2.3.1 信息環境

信息環境的一個重要方面是會計基礎設施。不管是發達國家還是發展中國家，會計準則都存在相當的差異（La Porta & Lopez-de-Silanes & Shleifer & Vishny，1998）。執行高標準的會計準則和有可信的、獨立的會計師事務所把關，對於財務報表的可信度至關重要，而這又是實施財務報表貸款技術的關鍵。

信息環境的另外一個重要方面是信息分享機制。提供還款情況等信用數據的正式組織，一般是消費者徵信機構和商業徵信機構。信用記錄可以克服同一客戶在不同貸款銀行之間的信息不對稱問題，使客戶在不同銀行的貸款信息可以共享。徵信機構可以降低貸款處理成本和時間，並且能降低違約率（Miller，2003）。世界銀行的報告顯示，信用記錄信息可使所在國或地區的貸款處理時間、處理成本和違約率減少 25% 以上（World Bank，2004）。在預測商業失敗方面，商業徵信機構的數據被發現具有超過財務比率以及其他描述性信息的能力（Kallberg & Udell，2003）。徵信機構的記錄也比客戶的水、電以及其他公用事業費的繳費記錄更有效。

在不同國家，徵信機構的發展情況存在顯著差別。一些研究發現，信用的可得性和第三方信息交易商之間存在顯著聯繫，尤其是更強的正式的信息分享機制，會帶來更高的銀行借貸（相對於 GNP；並且國家層面的信用風險與信息分享指標負相關）。

可能時，各種借款技術都會利用徵信機構的信息。而對於小企業信用評分技術，徵信機構的信息則是驅動要素。信用評分模型的

可靠性是建立在大樣本的基礎之上的，這就要求有大型的記錄中小企業貸款業務的數據庫。某些機構可依靠自己累積的數據建立其專有的模型，如大型銀行等。但是美國的多數銀行需要使用外部機構提供的模型，而這些機構建立模型的基礎是徵信機構提供的消費信用以及商業信用數據；並且還有很多來自金融機構分享的數據。小企業信用評分技術對於信息分享機制要求高，故在20世紀90年代甚至21世紀初，這一技術僅適用於少數發達國家。Miller 和 Rojas（2004）認為，小企業信用評分技術只在少數發達國家得到廣泛使用，其原因是只有發達國家具有其要求的發達的信息基礎設施。

是否易於從徵信機構取得相關歷史信用信息，還與保理的表現正相關（Klapper, 2005）。只要應收帳款的債務人處在強大的信息環境中，即使銀行所處環境不佳，保理的業績表現也會不錯。比如，愛沙尼亞公司的應收帳款債務人是位於德國的公司（德國擁有發達的信息基礎設施），那麼保理人就可以比較有效地評估這些債務的信用水平（Bakker & Klapper & Udell, 2004）。

不過，近年來互聯網技術及其相關產業的飛速發展，極大地促進了信息分享機制的發展，甚至是導致其發生了質的飛躍，這可改變原有的信息分享機制的局面——比如像我國這樣的發展中國家也可利用互聯網進行徵信而不必依賴傳統的消費徵信機構。本書在后面章節將專門討論主要利用互聯網獲取信用數據的大數據徵信發展帶來的影響。

2.3.2 法律、司法和破產環境

一個國家的法律、司法和破產環境能顯著影響貸款合約的執行，尤其是與商業交易相關的產權方面的法律。司法和破產環境關係著出現爭議或者破產的時候法律被執行的情況。故司法環境會影響貸款合約中相關各方的信心。總的來講，相關法律條款的規定是否清晰明確以及其執行是否可預測，關係著信用的發展。一些實證研究也表明，在產權保護較好的國家，企業可以獲得更多的外部融資；相反，在產權保護較差的國家，企業較難從銀行等正規渠道獲得資金（Beck & Demirguc-Kunt & Maksimovic, 2004）。小企業受此影響尤

其嚴重。Beck，Demirguc-Kunt 和 Maksimovic（2005）在一項跨國的研究中發現，金融、司法和腐敗問題對小企業成長的制約作用遠大於大企業。

商法和司法環境同時影響著銀行利用契約解決信息不透明問題的能力，尤其是利用契約中的擔保、抵押等條款來解決逆向選擇與道德風險的能力。比如，在基於資產和固定資產的貸款技術中，抵押品是關鍵要素，而一個國家商法中的關於擔保物權（抵押留置權）的規定會顯著影響貸款合約中擔保的效能。比如，商法是否清楚地定義了抵押留置權、抵押的優先權及其相關的執行問題。美國商法對應收帳款和存貨有一整套相關規定，並建立了留置品的電子登記系統，從而非常便於銀行運用基於資產的貸款技術。而有些國家商法發展較晚，關於抵押的規定模糊不清之處甚多。比如，東歐國家雖然已經在此方面取得不小進展，但是關於可抵押的範圍、登記與建檔、優先權等方面的規定仍然不夠完善（EBRD，2003）。有些國家的法律將動產排除在可抵押的範圍之外。由於與大中企業相比，動產常常占小企業資產的更大份額，因此將動產排除在抵押範圍之外將阻礙小企業獲得信貸。法律和登記機構允許的資產抵押範圍對於銀行選擇貸款技術產生重要影響。實證研究也發現，在出現違約的時候，貸款人取得並處置抵押品的能力與使用抵押相關（Qian & Strahan，2005）。

司法與破產制度的效率對信貸的可得性同樣至關重要。Jappelli，Pagano 和 Bianco（2005）發現司法的低效率（比如高成本的司法程序）與信貸可得性降低相關。越強調法律程序正義的國家，執行金融合約耗費的時間越長（Djankov & La Porta & Lopez-de-Silanes & Shleifer，2003）。

破產程序耗時的長短是衡量效率的一個特別重要的維度。在破產程序中對絕對優先權的遵守也同樣重要。事前抵押品是否被接受，取決於在破產程序中，貸款人對該抵押資產的優先權是否得到支持。

資產型貸款和固定資產型貸款技術更依賴於一個良好的法律執行環境。而不良的法律執行環境會使得租賃型貸款更受青睞，這是因為標的資產（應收帳款和存貨等）此時從借款人那裡轉移到了貸

款人名下，而不再是作為抵押品。Klapper（2005）的研究就發現，在法律執行環境不良的國家，保理的重要性不容忽視。世界銀行的報告也顯示，在東歐經濟轉型國家中，薄弱的信貸基礎設施鼓勵了租賃的繁榮（World Bank，2000 & 2002）。Beck, Demirgü-Kunt 和 Peria（2009）發現，與發達國家相比，發展中國家的銀行提供投資性貸款（長期貸款）的比例更低、收取的利率更高，其原因在於這些國家的制度、法律環境。比如在有的國家貸款抵押品的註冊成本高或者合約執行成本高，銀行對小企業的貸款比例就低；在產權保護較好的國家，銀行對小企業貸款的比例更高，投資性貸款的比例也更高，且收取的利率更低。

同樣的，薄弱的信貸基礎設施可能鼓勵關係型融資更多地替代交易型融資技術。當顯性契約不易得到執行時，就會導致更多的使用關係型貸款中的隱形契約來代替交易型貸款中的顯性契約。Rajan 和 Zingales（2003）以及 Ergungor（2004）的研究發現，在不良的法律執行環境中，基於銀行的融資活動遠多於基於資本市場的融資活動。這一點可以擴展到關係型貸款與交易型貸款之間的關係上。

2.3.3 社會環境

社會環境也會影響中小企業的信貸可得性。最為突出的是社會資本與信任水平，其會直接影響到金融合約的簽訂與執行。很多研究認為，企業的社會資本水平越高，越有利於企業獲得融資。至於社會資本水平與貸款技術之間的關係，一般認為，社會資本水平越高，越有利於銀行採用關係型貸款。

社會資本存在於人們之間的「關係」中。近三十年來，我國社會發生大規模的遷徙，將人們從原有的社會關係中「連根拔起」，導致社會資本水平下降。

2.3.3.1 社會資本的含義

社會資本有多種定義，下面是影響較大的幾個。

布迪厄的定義：「所謂社會資本，是借助於所佔有的持續性社會關係網而把握的社會資源或財富。一個特殊的社會行動者所掌握的社會資本的總容量，決定於他實際上能動員起來的那個社會網路中

的每個成員所擁有的各種資本的總量……社會資本要經過行動者長期經營、有意識地籠絡、交往及反覆協調，才能形成。」

科爾曼（Coleman）認為：「社會結構資源作為個人擁有的資本財產，即社會資本……他們為結構內部的個人行動提供便利。與其他形式的資本不同，社會資本存在於人際關係的結構之中。」

帕特南把社會資本定義為「社會組織的特徵，諸如促進合作以改進社會效率的信任、規範，以及網路。」

社會資本「雖然存在多種定義，但社會資本的基本定位是清楚的、內涵是明確的，即社會關係網路，社會資本是存在於行為者與行為者的聯繫之中的，如關係強弱、網路大小，等等」。從個人層面看，社會資本可以被理解成「關係資本」或者「網路成員的身分資本」，是存在於社會關係網路中的，能夠為擁有者帶來收益的一種能力。從社會層面看，公民參與的橫向網路、普遍的信任和互惠被看成是一個社會的社會資本。

2.3.3.2 社會資本的一些特點

任何社區（Community）的人們為了共同的利益而組成關係網路，就可以生成社會資本。社會資本存在於人們之間的聯繫中，個人可以使用之而不能佔有之。人們在一起工作的合作能力對社會資本的生成與累積至關重要，關係網路中的人須是積極的參與者而非消極的旁觀者，更不能是消費者。社會資本有自我強化和累積的傾向，對其的使用不僅不會減少其存量，反可增加之。

人們不需要有富裕的物質基礎也可以累積社會資本。對於貧困人群而言，擁有的社會資本可以幫助他們有更多機會改善物質財富狀況。如果沒有最低限度的社會資本，個人則很難獲得物質財富。

社會資本可以分為兩類。第一類被稱為聚內（Bonding）社會資本，指聯繫較為緊密的同質群體內部的關係與信任，其具有較強烈的認同感以及共同的目標，能夠促進成員間的相互支持與相互幫助。第二類被稱為聯外（Bridging）社會資本，主要指相對異質之群體間的聯繫，是一種水平的聯結機制，有助於獲取外部資源與信息。個人的生存需要聚內社會資本，而其發展則需要有聯外社會資本。

2.3.3.3 社會資本的意義

一個社會擁有高水平的社會資本，對於經濟、社會的健康發展

都是必要的。如果市場中各主體都以信任、合作與承諾的精神把各自特有的技能、資本等資源結合起來，就能得到更多的報酬，從而提高生產率。當社會資本水平降低，一個社會的凝聚力也就下降。

在我國快速工業化、城市化的進程中，大規模的人口遷徙，將人們從原來固有的關係網路中「連根拔起」，這大大降低了整個社會的社會資本水平——如今社會的誠信缺失等現象與之不無關係。社會資本在某種意義上是公共物品，需要由政府採取有力措施來提升其水平。

Guiso，Sapienza 和 Zingales（2004）以居民的選舉參與程度為社會資本的代理指標，研究發現其能在很大程度上解釋不同區域之間的創業活動水平的差異。

共同語言可以幫助建立互信並促進關係的建立。有研究還發現不同國家之間的文化差異與對投資者的保護水平有關（Stulz & Williamson，2003）。

社會規範、宗教和文化對於軟信息的生產以及銀行利用該信息構建關係至關重要。當然，社會環境也會影響到硬信息的生產和使用，不過相對而言程度較輕一些。

2.3.4 稅收和管制環境

稅收對各種經濟活動具有重要影響，對於貸款也不例外。在貸款技術的選擇中，相關主體也常常會考慮稅收的影響。關於融資租賃租金抵扣所得稅的規定，將顯著影響企業選擇貸款的方式——長期借款還是融資租賃。保理業務徵收某些類型的增值稅以及印花稅，會導致一些銀行不願意從事該業務。

管制的影響更為明顯。在相當長的時期內，美國很多州對銀行異地開設分支機構實施嚴格限制。這一管制措施的後果就是，由於大型銀行難以在別處開設分支機構，為社區銀行創造了競爭優勢：在傳統信息技術條件下，物理距離對溝通以及信息收集是一大影響因素，社區銀行利用熟悉本地居民的優勢開展關係型貸款，而大型銀行由於距離遙遠而無法進入此市場。但是，隨著20世紀90年代對開設分支機構的管制的放開，美國的社區銀行的生存空間被大大地

壓縮。

還有人認為，對外資進入的限制也會影響到小企業信貸的可得性。其邏輯是，在發展中國家，外資銀行往往是小企業的資金供應者，對其的限制會減少小企業信貸的可得性。還有觀點認為，對外資的限制會減少競爭從而降低銀行業為小企業服務的績效（Levine，2003）。

2.3.5　完善信貸基礎設施的順序

完善信貸基礎設施可以增加企業的信貸可得性，但是建立完善的信貸基礎設施是一個頭緒繁雜、阻力眾多的長期過程。這些建設既有效果差別還有難易之分，比如建立信貸登記、完善擔保法要比持續地提高債權人權利保護和改革破產法相對容易。相關研究表明，需要根據不同國家、不同情況採取不同的策略與重點推進信貸基礎設施的建設。Djankovetv 等（2007）的研究發現，在低收入國家，信息基礎設施的作用較大；而在高收入國家，債權人權利的保護作用較大。Haselmannet 等（2009）研究發現，在制度不完善的國家，與處理清償次序的破產法相比，幫助債權人快速收回債權的擔保法更能促進銀行貸款。

李猛（2010）分析了我國信貸基礎設施的建設策略，認為應把完善信息基礎設施放在首位。他指出我國央行信貸登記系統雖然實現了全國聯網查詢，但是覆蓋面小、內容相對匱乏，僅僅包括個人和企業貸款信用信息，沒有涉及其他行業領域的信息。與信用有關的大量信息仍然分散在法院、工商、稅務、公安、海關、技術監督、勞動保障、公用事業等部門，這些信息處於極度分散和相對隔離的狀態，形成巨大的障礙和浪費。其次，應該推進相關法規的建設，擴大擔保範圍和提高擔保效率。小企業往往缺少不動產，而動產如應收帳款、存貨、知識產權等占資產比重較高，提高擔保範圍和效率將有效提高它們的信貸可得性。

2.3.6　附記：我國與抵押相關的法律規定

我國《擔保法》第 34 條對可抵押物品和不可抵押物品作出了

規定。

一、可供抵押物品

1. 抵押人所有的房屋和其他地上定著物；
2. 抵押人所有的機器、交通運輸工具和其他財產；
3. 抵押人依法有權處分的國有的土地使用權、房屋和其他地上定著物；
4. 抵押人依法有權處分的國有機器、交通運輸工具和其他財產；
5. 抵押人依法承包並經發包方同意抵押的荒山、荒溝、荒丘、荒灘等荒地的土地使用權；
6. 依法可以抵押的其他財產。

第6款（依法可以質押的其他財產）之規定，給普通應收帳款債權質押的合法性地位留下了空間。從國外的立法來看，應收帳款作為一種普通債權來設定質押，也得到許多國家如德國、瑞士等的立法承認。

二、不可抵押的財產

1. 土地所有權；
2. 耕地、宅基地、自留地、自留山等集體所有的土地使用權，但本法第三十四條第（五）項、第三十六條第三款規定的除外；
3. 學校、幼兒園、醫院等以公益為目的的事業單位、社會團體的教育設施、醫療衛生設施和其他社會公益設施；
4. 所有權、使用權不明或者有爭議的財產；
5. 依法被查封、扣押、監管的財產；
6. 依法不得抵押的其他財產。

此外，我國《擔保法》第84條對抵押與留置作出了規定：「因保管合同、運輸合同、加工承攬合同發生的債權，債務人不履行債務的，債權人有留置權」。「法律規定可以留置的其他合同，適用前款規定。」

雖然立法中對留置權發生的情形限定為幾種，但實務中，留置權與抵押權發生競合的案例卻屢見不鮮，且大都是抵押人先設定抵押後，將抵押物交第三人修理、加工、運輸、保管等，很有可能不能清償修理費、加工費、運輸費或保管費，從而產生留置權與抵押

權的衝突。最高人民法院《關於適用〈中華人民共和國擔保法〉若干問題的解釋》第 79 條第 2 款規定留置權優先。即無論抵押權是否在留置權發生之前設立或實現，留置權人都可就標的物變價優先於抵押權人獲償。而我國臺灣地區的有關規定認為，抵押權人依本法規定實行佔有抵押物時，不得對抗依法留置標的物之善意第三人。

3 小銀行優勢假說的內容、證據與對其的批評

小銀行優勢假說的產生有其特定的歷史與現實背景，本章主要分析其理論邏輯和經驗證據，討論其成立的前提條件和適用範圍。

3.1 小銀行優勢假說產生的背景

小企業在國民經濟中佔有非常重要的地位，但是世界各國的小企業普遍存在融資難的問題。很多國家都存在小企業的外源融資（貸款）主要依靠小型銀行的現象（被稱為小銀行優勢現象）。20 世紀 80 年代開始，西方國家尤其是美國銀行業出現了兼併風潮，引起了人們對其是否會加劇小企業融資難問題的擔憂。在我國，很多人出於尋求解決中小企業融資難問題的方法而將目光投向了小銀行優勢假說。

3.1.1 小銀行優勢現象

一些研究者發現，在小企業貸款占銀行機構總資產的比率以及小企業貸款占全部企業貸款的比率方面，小型銀行機構的指標高於大型銀行機構。

比如 Berger 和 Udell（1995）發現，雖然大型銀行的資產規模大，在對小企業提供貸款的絕對數量高於小型銀行，但是在對小企業貸款占銀行總資產的比率上，以及在中小企業貸款占全部工商企業貸款的比率上，小銀行的指標均高於大銀行。Strahans 和 Weston

(1996）的研究也發現，銀行的規模和其對小企業貸款之間存在很強的負相關關係。其他一些關於小企業融資的研究文獻，如 Jayaratne 和 Wolken（1999）也發現小企業貸款在大銀行的資產中所占的比重低於小銀行的相應比例。他們發現，在美國，資產規模小於 1 億美元的小型銀行對中小企業的貸款占其對全部工商企業貸款的比例為 96.17%；資產規模在 3 億~10 億美元之間的銀行的上述比例是 63.1%；資產規模在 10 億~50 億美元之間的銀行的上述比例是 37.18%；而資產規模大於 50 億美元的大型銀行的上述比例為 16.19%。

上述現象即很多學者談及的大型銀行主要向大企業發放貸款，小型銀行主要向小企業提供貸款；也有人從相反角度解讀稱為小型企業融資主要依靠小型銀行，同時大企業融資主要依靠大型銀行。上述現象說明小型銀行在向小企業提供貸款方面存在優勢，簡略稱為小銀行優勢（Small Bank Advantage）。至於其形成的原因，則有不同解釋。在多種解釋中，最有影響力和說服力的是從信息角度的解釋，本書所提及的小銀行優勢假說即指從信息角度進行分析的理論假說。

3.1.2 小企業融資難問題

3.1.2.1 小企業的重要性

小企業在國民經濟中具有重要地位。首先，中小企業在企業中占絕大多數。美國的小企業個數占到市場主體的 99.7%（2008 年的統計數據）；在我國全部企業法人單位中，50 人以下的小企業有 248.5 萬個，占 82.1%（《第二次全國基本單位普查主要數據公報》）。中小企業還是國民經濟重要的增長源。美國的小企業貢獻了其 GDP 的 50%以上的份額（2008 年的統計數據）；我國「十五」期間國民經濟年均增長 9.5%，而規模以上的工業中，小企業的年均增長值達到了 28%。中小企業還是社會就業的主要渠道。充分就業的意義是不言而喻的，而中小企業是社會就業的主要承擔者。美國的小企業雇傭了 50%以上的勞動力；我國工業和信息化部中小企業司司長鄭昕在 2014 年 5 月 27 日國務院新聞辦公室舉行的新聞發布會上

說，中小企業是中國數量最大、最具創新活力的企業群體，提供了80%以上的城鎮就業崗位。更為重要的是，同樣的資金投入，小企業可以比大企業多吸收4倍的人員就業。中小企業還是技術創新的重要力量，小企業往往成為科技轉化為生產力的「實驗田」。美國的小企業創造了50%以上的發明。我國65%的發明專利、80%以上的新產品開發都是中小企業完成的（歐新黔，2007）。

3.1.2.2 小企業融資難現象

小企業融資難問題是世界各國經濟中普遍存在的現象。早在20世紀30年代，英國的麥克米倫爵士就小企業融資難問題向政府提交了《麥克米倫報告》，稱由於融資體制存在缺陷，中小企業和金融機構之間橫亙著一道難以逾越的鴻溝。即著名的「麥克米倫鴻溝」。

即便在美國這樣金融體系高度發達的國家，仍然存在小企業融資難問題。Mallick 和 Chakraborty 採用 NSSBF（National Survey of Small Business Finance）1993 年的數據，就「受約束」小企業信貸缺口（企業期望貸款額與實際獲得額之差）問題進行了研究。其結果表明，這些「受約束」小企業的平均信貸缺口為20%。這一點還可以從美國小企業通過不同融資方式所籌集的資金所占全部資金的比重中看出。從表3-1中不難發現，美國小企業想從外部金融機構獲得信貸融資是存在相當難度的。

中小企業融資難也一直是困擾我國經濟發展的一個難題。2009年，重慶有82%的中小企業認為當前發展的主要困難是資金瓶頸（張向東，2009）。很多研究認為，中小企業所獲的貸款與其對國民經濟的貢獻不相稱，成為制約其發展的瓶頸。李志贇（2002）對我國相關數據的分析表明，2000年我國鄉鎮企業增加值占GDP的30.1%，而得到的貸款卻只占全社會貸款總額的6.1%。1996—2002年，我國中小企業所占工業總產值比例由75%左右增至82%左右，但中小企業所獲得的信貸占全部貸款的比例卻一直維持在5%左右（張俊喜等，2005）。

表 3-1　　　　　　　　美國小企業的資金來源

資金來源	占小企業投資的比重
業主的儲蓄	45%
業主親朋借款	13%
商業銀行貸款/金融公司/SBA	29%
政府資助	1%
證券融資	4%

3.1.3　銀行業的合併浪潮

在20世紀80年代，西方國家出現過一輪銀行兼併浪潮。20世紀90年代則又出現了新的一輪更大的兼併風潮。僅在1995年，美國就有超過600起的銀行合併事件。從20世紀80年代末到21世紀初，美國銀行業發生了超過9,000起的銀行合併事件。兼併的結果是，全部銀行數從80年代初的超過14,000家，下降到2000年的不到8,000家。這些銀行間的合併，大型銀行之間的合併約占合併總數的5%，大約40%的併購是大銀行對社區銀行的併購，大約55%的銀行併購涉及兩家社區銀行間的合併（Basset & Brady, 2001; DeYoung & Hunter & Udell, 2002）。

一些研究考察了銀行併購對小企業融資的影響，如Berger, Saunders, Scalise和Udell（1998），Peek和Rosengren（1998），Strahan和Weston（1998）等的研究。其結論一般認為併購以後的銀行常常會降低對小企業的貸款。

對銀行合併浪潮可能加重小企業融資難問題的擔憂，催生了大量的對小銀行優勢現象的研究。於是，小銀行優勢假說理論就在此背景下出現了。

3.2　小銀行優勢假說產生的歷史條件

小銀行優勢假說產生於美國特定的歷史條件下。當這些歷史條

件發生變化時，該假說是否仍然成立自然就值得研究了。

首先，在1994年《里格-尼爾法》(Reigle-Neal Act of 1994) 通過前，美國多數州的法律限制大型銀行在異地開設分支機構，從而為本地的社區銀行提供了壟斷的條件，或者幫助它們在很多方面獲得了巨大的優勢。一旦嚴格的管制放鬆以後，大型銀行即可進入原來被社區銀行所壟斷的本地市場，原來小型銀行在小企業貸款市場中的份額就可能發生變化——而這正是近20年來美國市場所發生的事實。

其次，貸款是對信息和信用評估技術高度依賴的業務。在20世紀90年代前期，電腦因為屬於昂貴的設備而未能普及，互聯網更是遠未進入大眾視野。在傳統的信息通信技術條件下，地理距離對借貸具有很大的重要性——社區銀行（作為小銀行的代表）由於熟悉本地企業及業主的情況，而與它們建立密切的借貸關係，這是相對於大型銀行的一大競爭優勢。但是進入20世紀90年代后，電腦開始普及，互聯網在進入21世紀後也已普及。這些信息技術及應用的飛速發展，改變了人們的生活，改變了商業經營模式，同時也改變了銀行的經營方式。

信用評級等仲介機構的發展程度對於銀行的貸款業務同樣具有重要的影響，而信用仲介機構收集整理信用信息的成本和精度受信息技術的高度影響。在傳統信息技術條件下，只有少數發達國家存在比較發達的消費徵信機構等結構，並且所收集的信息的廣度與深度遠不能與互聯網時代的信息相提並論。

小企業信用評分技術對於大型銀行進入對小企業貸款市場具有關鍵性意義（這一點本書將在后面章節進行專門討論）。但是此技術也是在20世紀90年代中期後才出現。

3.3 小銀行優勢假說的內容與邏輯

3.3.1 對小銀行優勢來源的幾種不同解釋

對於小銀行優勢（即在小企業貸款占銀行總資產的比率，以及

小企業貸款占全部企業貸款的比例上，小銀行的指標均高於大銀行）現象，有不同的解釋。

李揚和楊思群（2001）認為，大型銀行可以借助其雄厚的資金實力在各種企業（包括大企業與中小企業）之間實現信貸資產的多樣化和風險分散化，而小銀行由於資金實力限制，只能在中小企業之間分散風險。持類似觀點的還有林毅夫等（2001）。他們指出，銀行在配置資產時必須分散風險，小型銀行由於資產規模限制，只能向資金需求規模小的小型企業發放貸款。不過，從銀行業實現其基本功能（配置資源）角度來看，小型銀行出於資產規模限制而局限於向小企業發放貸款，不能向一些優質的大型企業的大項目發放貸款，顯然失去了優化資源配置的機會，這是不能被稱為「優勢」的。

有觀點認為銀企之間的物理距離是造成小銀行優勢現象的原因。大型銀行一般都集中在大都市，遠離中小企業，而小銀行和中小企業遍布在各地，具有地域性，因此空間維度拉大了大型銀行和中小企業之間的物理距離，這就促進了小型銀行和中小企業的密切合作。這種觀點顯然在美國法律限制銀行在異地開設分支機構的條件下才可能成立。如果大型銀行在各地設立分支機構，就可以通過這些分支機構的信貸員來獲取當地企業的信息，並對申請貸款的企業實施近距離的監控。

還有觀點認為，大型銀行如果同時向小企業和大企業發放貸款，由於兩者採用的是不同的技術（關係型貸款和交易型貸款），就會帶來威廉姆森型組織不經濟問題。需要指出的是，實證研究發現，大量的小型銀行在使用關係型貸款技術的同時也在使用小企業信用評分法等交易型貸款技術。顯然此種組織不經濟問題是大型銀行和小型銀行共同存在的問題。還有觀點認為大型銀行向小企業發放貸款存在規模不經濟的問題。其依據是，小企業貸款存在「短、頻、快」的特點，而貸款的交易成本中有許多屬於固定成本，故向小企業發放的單筆貸款分攤的固定成本高。此種解釋不妨稱之為「規模不經濟說」。不過固定成本屬於大型銀行與小型銀行都面臨的問題，大型銀行完全可能通過組織創新等方式解決這一問題。

不過，對小銀行優勢現象的解釋，最有說服力也是影響最大的

還是從信息角度的解釋，認為小銀行的優勢在於關係型貸款上，而關係型貸款是基於軟信息的貸款技術，小型銀行由於自身組織結構簡單的優勢以及專注於本地經營而在收集處理軟信息方面相對於大型銀行具有相對優勢。Berger 和 Udell（2002）認為，關係型貸款的發放必須依靠那些掌握著軟信息的第一線的信貸員，由此帶來銀行內部的委託代理問題。與結構簡單、管理層次少的小型銀行相比，科層機構複雜、代理鏈條長的大銀行由於管理層與信貸員之間訂約較複雜、代理成本高昂而難以採用關係型貸款技術。Stein（2002）建立的模型表明，由於軟信息不能在組織層次複雜的大型銀行溝通渠道中傳遞，小型銀行在關係型貸款方面比大型銀行具有比較優勢。Stein（2002）的模型嚴密地證明了在貸款決策中基於軟信息的情況下，小型銀行相對於大型銀行優勢的產生機制。小銀行由於其地域性和社區性特徵，它們可以通過長期與本地的小企業保持密切的交往來獲得各種信息（即軟信息），從而在向信息不透明的小企業發放關係型貸款上擁有優勢（林毅夫和李永軍，2001）。上述理論從小型銀行在關係型貸款中的信息生產優勢角度揭示了小銀行的比較優勢的成因，從而對小銀行優勢給出了比較合理的解釋。

3.3.2 組織結構與信息的軟硬——Stein 模型

小銀行優勢假說最為有力的理論依據當屬 Stein（2002）建立的理論模型。該模型分析了兩種組織結構形式——層級組織結構和分散化組織結構——條件下，決策所依據的分別是在軟信息和硬信息的情況下組織的淨產出。模型表明，當決策所依據的是軟信息時，分散化決策的組織結構優於層級機構。將其應用於銀行的組織結構，即可得到在決策依據是軟信息時，小型銀行（組織層級簡單，屬於分散化決策的組織結構）優於大型銀行（組織層級多，屬於層級組織結構）的結論。不過值得指出的是，該模型也顯示，當決策所依據的是硬信息時，層級結構優於分散化決策的組織結構。這也論證了小銀行優勢假說的另外一個觀點：大型銀行在基於硬信息的交易型貸款方面具有優勢。

3.3.2.1 基本假設

Stein（2002）模型假設有一個公司，下轄 2 個部門（分別為 i

和 j)，兩部門內各有 2 個潛在的投資項目，分別命名為 i_1 和 i_2，j_1 和 j_2。對於這 4 個項目，每個項目可以被分配 0 個、1 個或者 2 個單位的資金。公司面臨的資金約束為總共有 4 個單位的資金。

每個項目可能的狀態為好（G）和差（B），處於每個狀態的概率為 0.5，各項目的產出相互獨立。對於處於好狀態（G）的項目，如果分配給其 1 個單位的資金，其淨產出為 g（1），分配給其 2 個單位的資金，則其淨產出為 g（2）；同樣，對於處於差的狀態（B）的項目，如果分配給其 1 個單位的資金，其淨產出為 b（1），分配給其 2 個單位的資金，則其淨產出為 b（2）。假設：

g（2）$<2g$（1） (3-1)

b（2）$<2b$（1） (3-2)

即各狀態下的收益遞減。此外還假設：

g（2）$>g$（1）$+b$（1） (3-3)

即，與其在好項目和壞項目之間平均分配 2 個單位的資金，不如將資金集中到 1 個好項目中去，決策者應該將資本從壞項目轉移到好項目中去。

各部門有自己的經理，他們能夠根據自己的考察得到關於項目的信號。當經理 i 的努力程度為 e_i 時，他能同時觀察到項目 i_1 和 i_2 的信號的概率為 p（e_i），而函數 p（e_i）為遞增的凹函數，取值範圍是 [0，1）。類似的，經理 j 的努力程度為 e_j 時，他能同時觀察到項目 j_1 和 j_2 的信號的概率為 p（e_j）。

公司還有一名 CEO，在某些情況下會自己進行關於項目的研究。由於時間限制，CEO 要同時審查全部 4 個項目，他所能獲得的相關信息不可能有部門經理多。關於兩個部門投資項目的前景，他所能獲取的最多的是有噪聲的信息。

對於經理和 CEO 的激勵，假設他們追求在其控制下的資產的毛產出（Gross Output）最大化。即他們的私人利益與毛產出成比例，在行為上則表現為各人都追求控制更多的資本；在資本一定時，則盡力最有效地配置資本。

在前述假設下，經理與 CEO 之間會產生代理問題。比如，經理掌握的關於項目 i_1 和 i_2 的信息比 CEO 多，他就會向 CEO 報告說，兩

個項目都處於好的狀態 G，而 CEO 則會質疑經理所報告的關於項目的信息的精確性。

當然，在 CEO 和股東之間同樣會存在類似的代理問題。但是模型假設 CEO 所能控制的資本限定在 4 個單位，這樣，就將 CEO 的利益與股東的利益融為一體。這也可以是股東為了解決前述代理問題而限定資本總額的結果。

3.3.2.2 作為比較基準的最優產出

作為比較基準的是，理想狀態下的淨產出值。理想狀態指的是由一個能夠獲得關於全部項目的完美信息的計劃者進行決策的狀態。該狀態下的淨產出值可直接算出，即——算出 16 個可能的結果（4 個項目，每個項目可能有 2 個狀態），任何時候都是一個好項目伴隨著一個壞項目，計劃者會將 2 個單位的資本配置到好項目中去。作為比較基準的最優產出的值是：

$$Y^{fb} = [5g(2) + 3b(1) + 3g(1)]/4 \tag{3-4}$$

3.3.2.3 分散化決策的情形

在分散化決策的組織結構下，CEO 本人不收集關於項目的信息，也不參與到項目決策的過程中去。每個經理被授全權配置 2 個單位的資本：經理 i 可以完全按照自己所觀察到的關於項目 i_1 和 i_1 的信息來配置資本，對於經理 j 也相同。

分散化決策的代價是顯而易見的。比如，經理 i 觀察到的信號是 $\{G, G\}$，而經理 j 觀察到的信號是 $\{B, B\}$。此時最佳方案應該是將 4 個單位的資本全部配置到部門 i，但是在分散化決策下，此方案不會得到採納。分散化決策會阻礙可以增加價值的跨部門資本流動。

一方面，分散化決策可以在部門內進行有效的資本配置。比如，部門經理在其視野內成功地觀察到關於項目的信號為 $\{G, B\}$，他將正確地將 2 個單位的資本配置到項目 G 中去。唯一的問題是，他將投入多少努力去獲得相關信息。注意到如果經理知道項目的狀態，並根據該信息配置資本，其淨產出的期望值是：

$$[g(2) + b(1) + g(1)]/2 \tag{3-5}$$

另一方面，如果經理不具有相關信息，每個項目總是被配置 1 個單位的資本，淨產出的期望值將是：

$$g(1)+b(1) \tag{3-6}$$

故在分散化決策的組織結構下的公司期望產出是：

$$\Delta^d = [g(2) - b(1) - g(1)]/2 \tag{3-7}$$

假設經理賦予期望淨產出相對於努力的權重為γ(即其私人利益是毛產出的一定份額γ，並且投資是固定的)，那麼在分散化組織結構下，其努力程度 e^d 滿足：

$$p'(e^d) = 1/(\gamma\Delta^d) \tag{3-8}$$

分散化決策的組織結構下兩個部門的行為各自獨立，4個單位資本總的淨產出為：

$$Y^d = p(e^d)[g(2)+b(1)+g(1)] + [1-p(e^d)][2g(1)+2b(1)] \tag{3-9}$$

從 (3-9) 式可以看出，相對於最優情形下的構造的比較基準 (3-4) 式，分散化決策會產生兩方面的非效率。第一，由於收集信息總是有成本的，$p(e^d) < 1$；第二，即使是達到最大 $p(e^d) = 1$，產出 Y^d 也只能達到 $[g(2)+b(1)+g(1)]$，仍然小於 Y^{fb}，這是由於在分散化決策下，資源不能跨部門流動，被限制在部門內配置。

3.3.2.4 層級結構——軟信息情形

現在考慮公司組織為層次結構，決策所使用信息為軟信息的情形。在此情形下，CEO 本人可以收集部分信息。雖然 CEO 可以收集部分關於項目的信息，但是他不可能有部門經理收集得全面，即 CEO 只能收集到關於投資項目的粗糙信息。

假設 CEO 收集信息成功的概率為 q。所謂成功，是指當一個或者兩個部門為明星狀態時——部門內的兩個項目均處於 G 狀態——而 CEO 能夠發現之。但是，CEO 並不能區分處於一般狀態（一個項目為 G，另外一個項目為 B）的部門和處於糟糕狀態（兩個項目均為 B）的部門。當 CEO 收集信息不成功時，將在兩個部門之間平均配置資本，其概率為 (1-q)；相反，則可能會給一個部門較多的資本。如果只有一個部門是處於明星狀態，當滿足下述充分條件時，CEO 會將 4 個單位的資本全部配置給明星部門：

$$g(2)/2 > [5g(1)+b(1)]/6 \tag{3-10}$$

這一條件只是要求在好狀態下規模報酬遞減不要過於顯著。當

規模報酬遞減非常顯著時，CEO將分配給明星部門3個單位的資本，而分配給另外一個部門1個單位的資本。

如果部門經理收集信息的激勵（Incentives）與在分散化的組織結構中一樣，那麼層級化組織結構一定是最優的組織形式。這是因為層級結構允許選擇性的介入。當CEO不瞭解部門情況時，其不會介入，結果將與分散化結構一樣；當其瞭解（部分）情況時，他將部分資本調入明星部門的能力會改善資本配置。

但問題是，當信息是軟信息時，層級結構中的部門經理收集信息的激勵弱於分散化結構。

以 Δ^{hs} 代表層級結構下當一個部門經理收集軟信息成功時的淨產出的期望值：

$$\Delta^{hs} = (1-q)[g(2) - g(1) - b(1)]/2 + 3q[g(2) - g(1) - b(1)]/8$$
$$= (1-q)\Delta^d + 3q\Delta^d/4 \qquad (3-11)$$

而收集軟信息的努力程度 e^{hs} 滿足：

$$p'(e^{hs}) = 1/\gamma\Delta^{hs} \qquad (3-12)$$

由於 $\Delta^{hs} < \Delta^d$，$e^{hs} < e^d$。層級結構下依據軟信息決策時的淨產出期望值是：

$$Y^{hs} = (1-q)\{p(e^{hs})[g(2) + b(1) + g(1)] + [1 - p(e^{hs})][2g(1) + 2b(1)]\} + q\{p(e^{hs})[6g(2) + 3b(1) + g(1)]/4 + [1 - p(e^{hs})][3g(2) + 6b(1) + 4g(1)]/4\} \qquad (3-13)$$

通過比較（3-13）式和（3-9）式，可以比較分散化結構和層級結構的相對效率。其結果可以歸納為下述命題。

命題3.1：當假設條件（3-10）式成立，即 $g(2)/2 > [5g(1) + b(1)]/6$ 時，在僅一個部門處於明星狀態時，該部門將獲得4個單位的資本。分散化結構中經理的努力程度始終高於層級化結構：$e^d > e^{hs}$，並且很可能（但不一定完全如此）其淨產出更高，即：$Y^d > Y^{hs}$。

比如，令 $q=1$，$p(e^d) = 1$，$p(e^{hs}) = 0$，則：
$$Y^d = g(2) + b(1) + g(1)$$
而：
$$Y^{hs} = [3g(2) + 6b(1) + 4g(1)]/4, Y^d > Y^{hs}$$

此時，在層級結構中只有 CEO 會收集信息；而在分散化結構中，部門經理則被高度激勵，獲得完全的信息。

當然，如果 $p(e^d)$ 和 $p(e^{hs})$ 的值足夠接近，很容易看出，層級化結構的效率更高，即 $Y^d<Y^{hs}$。

命題 3.2：當 $g(2)/2>[3g(1)+b(1)]/4$ 時，在僅一個部門處於明星狀態時，CEO 在分配資本時仍然會向其傾斜，但是不再像前面那樣極端，而是分配給其 3 個單位的資本。此時，分散化結構中經理的努力程度仍然高於層級化結構：$e^d>e^{hs}$，並且很可能（但不一定完全如此）其淨產出更高，即：$Y^d>Y^{hs}$。

3.3.2.5 層級結構——硬信息的情形

當部門經理生產的信息可以硬化（Harden）並被傳遞給 CEO 時，層級結構的相對優勢會更為明顯。

假設經理 i 的努力程度為 e_i，他觀察到兩個項目 i_1 和 i_2 的信號的概率為 $p(e_i)$。當部門經理收集到了關於項目的信息，他有機會（概率 z）將其可驗證地傳遞給 CEO。其實，z 在 $(0,1]$ 所取的任何值並不會改變結論，所以，出於簡化考慮可以將 z 固定看做等於 1。之所以允許 z 取值小於 1，是為了讓部門經理可以扮演更多更自然的角色。當 z 小於 1，就存在部門經理所收集信息為軟信息的時候，此種情形下，部門經理的角色就不僅僅是向 CEO 報告信息然後消極地等待分配給其資本，某些時候他能通過選擇如何使用資本來增加價值。

需要指出的是，模型假設部門經理可以將硬信息可驗證地傳遞給 CEO，但是並不能直接將其傳遞給股東，否則公司將不再面臨總資本為 4 個單位的約束。即 CEO 需借助其專業能力對所獲得的信息進行加工才形成關於項目可行性的信息，而對非專業人士的股東而言，這一加工後的信息仍然是軟信息。

另外一個重要假設是，CEO 不能觀察到部門經理的努力程度，也不能斷定部門經理的努力是否取得了成功。所以，當部門經理獲得了硬信息後，他可以選擇是否將其報告給 CEO，尤其是當面臨的兩個項目的狀態是 $\{B, B\}$ 時，他可以選擇保持沉默，而 CEO 並不能因為其保持沉默而推斷出兩個項目的狀態是 $\{B, B\}$。這是因為

部門經理沒有獲得任何信息也可以保持沉默。

正是因為可以選擇保持沉默，使得努力收集信息對部門經理具有吸引力。假設 CEO 對部門經理 i 的努力程度有一個固定的推測 e_i^c，以及對該努力獲得成功的可能性的推斷為 $p^c = p(e_i^c)$。那麼，如果部門經理在其項目狀態為 $\{B, B\}$ 時保持沉默，在項目狀態為 $\{G, G\}$ 或者 $\{G, B\}$ 時則向 CEO 報告。根據貝葉斯規則，給定推斷 p^c 的值，CEO 會將部門經理保持沉默解讀為兩個項目相應的實際狀態的條件概率為：

Prob（$\{B, B\}$/quiet）= $1/(4-3zp^c)$ （3-14）

Prob（$\{G, G\}$/quiet）= $(1-zp^c)/(4-3zp^c)$ （3-15）

Prob（$\{G, B\}$/quiet）= $2(1-zp^c)/(4-3zp^c)$ （3-16）

因為 p^c 為固定值，部門經理的行為將是這樣的：如果他沒有去收集信息，當然會保持沉默，CEO 會根據（3-14）式、（3-15）式和（3-16）式來更新對他的判斷；但是如果他投入努力去收集信息會獲得淨收益。如果所收集到的信息是 $\{G, G\}$ 或者 $\{G, B\}$，報告後會打動 CEO；如果所收集到的信息是 $\{B, B\}$，保持沉默，結果並不會比不去收集信息更糟糕。

在前述假設下，結論可以歸納為以下命題。

命題 3.3：當 $g(2)/2 > [3g(1)+b(1)]/4$ 時，在基於硬信息決策的層級組織中，將出現下述均衡：

部門經理在其項目狀態為 $\{B, B\}$ 時保持沉默，在項目狀態為 $\{G, G\}$ 或者 $\{G, B\}$ 時則向 CEO 報告；

當一個部門向 CEO 報告其項目狀態是 $\{G, G\}$ 而另外一個部門保持沉默，CEO 將向報告 $\{G, G\}$ 信息的部門至少分配 3 個單位的資金；在其他情形下，CEO 會向兩個部門各分配 2 個單位的資金；

對部門經理而言，投入努力收集信息是有利的。Δ^{hh} 代表在層級組織結構中基於硬信息決策的情形下部門經理收集信息獲得的期望收益，其比分散化組織中的值更大：$\Delta^{hh} > \Delta^{d} + z/4$，所以，在層次結構中部門經理的努力程度比在分散化結構中的努力程度更高：$e^{hh} > e^{d}$；

層級組織的淨產出比分散化組織更高：$Y^{hh} > Y^{d}$。

上述命題反應了一個事實，即在層級化組織中，當決策依據的是硬信息的時候，收集信息的努力程度會影響部門經理可獲得的總資本預算。相反，在分散化組織中（或者在層級化組織中，但是決策依靠的是軟信息），收集信息的努力只能增加部門經理在給定資本下的回報率。由於部門經理的私人利益與總產出成比例，前一效應自然強於后一效應。

層級結構組織在兩個重要的方面都比分散化組織好。不僅在部門經理層面，層級化結構能夠生產更多信息使得部門內的資本配置更優；而且當 CEO 獲知重新配置資本可以增加價值時，他允許其在部門之間重新配置資金。

所以，Stein 模型在此處強調了層級化結構優於分散化組織結構的環境條件——在決策中由硬信息替代軟信息。

3.3.3 支持小銀行優勢假說的證據

總的來看，大多數早期實證研究支持小銀行優勢論（Haynes & Ou & Berney, 1999; Cole & Goldberg & White, 2004; Scott, 2004; Berger & Miller & Petersen & Rajan & Stein, 2005）。這些研究發現，大型銀行更多地貸款給較大的、歷史較長的企業；而小型銀行在放貸決策時更多地依賴軟信息，並更多地貸款給那些與其保持更強關係的企業。

還有些研究考察了美國銀行業的併購對小企業融資的影響，發現併購以后的銀行常常會降低對小企業的貸款，如 Berger, Saunders, Scalise 和 Udell（1998），Peek 和 Rosengren（1998），Strahan 和 Weston（1998）等的研究。Peek 和 Rosengren（1996）對 1993—1994 年新英格蘭銀行機構合併的實證分析也發現，銀行機構合併后的中小企業貸款總額比合併前減少了，並且很多被削減的貸款項目並非是由於淨現值（NPV）為負被削減。比如，Berger 等（1998）發現很多因為銀行合併后被削減的貸款項目被其他銀行「搶」了起來；Sapienza（1998）發現申請貸款企業的信用質量與其在銀行合併后基於借貸關係獲得貸款的概率之間沒有關係。上述研究結果也被認為是支持小銀行優勢假說的證據（林毅夫等，2009），其背後的邏輯是經

過合併「變」大的銀行機構失去了給小企業融資的優勢。但是，在銀行併購之後，其對小企業貸款比例的降低可能並不是由於對小企業貸款的絕對數量降低了，而是由於其對大企業貸款數量的大幅度增加導致了其資產的擴張。考慮到銀行在單個貸款數量上所遇到的法律限制或分散風險的因素，這種可能性是存在的（Berger & Udell，2006；Berger & Black，2008）。

需要指出的是，小型銀行在市場中的占比高、銀行合併后減少了向小企業的貸款等不能作為支持小銀行優勢假說的直接證據，因為其未解釋為什麼小型銀行具有優勢。比較直接的證據是那些表明大型組織不適合於處理軟信息的研究。首先，並非是銀行的規模而是組織結構的複雜性妨礙了向小企業發放貸款。比如，DeYoung，Goldberg 和 White（1997）的研究表明，在控制銀行的規模和年齡這兩個變量后，其向小企業發放貸款的生產率與銀行的分支機構數之間是負相關的。Keeton（1995）在對美國的州外銀行控股公司向本地小企業發放貸款的研究中發現了類似的負面效應現象。還有，Hauswald 和 Manquez（2000）的研究發現，大型銀行機構所處位置通常離有信貸融資需求的中小企業較遠，這會使其獲取和處理「軟」信息的難度加大。

還有證據表明，在向小企業發放貸款時，大型銀行傾向於避開那些「信用困難戶」，即評估信用時軟信息是最重要信息的企業。Berger 和 Udell（1996）發現，在向小企業發放貸款時，大型銀行比小型銀行的收費要少大約 100 個基點（Basis Points），所要求的抵押也要少大約 25%。對此現象的一個解釋是，大型銀行傾向於只向那些財務狀況非常樂觀的小企業貸款，故不需要對其進行非常細緻的進一步調查。

Cole，Goldberg 和 White（1997）使用關於美國小企業融資的調查數據研究發現，在向小企業發放貸款的審批流程方面，大型銀行和小型銀行之間存在差異。他們的研究表明，資產超過 10 億美元的大型銀行傾向於使用來源於財務報表的標準化的條件進行審批。與之相反，小型銀行更多是基於對借款人的印象進行審批。

Berger，Miller，Petersen，Rajan 和 Stein（2005）利用美國 1993

年小企業融資調查數據（the Federal Reserve's 1993 National Survey of Small Business Finance）研究發現：大型銀行傾向於向規模較大的企業或有更好會計記錄的企業發放貸款；銀行與客戶之間的物理距離（平均值）隨著銀行規模增大而增大；企業與大型銀行之間的交流溝通更傾向於採用郵件或者電話等方式而不是面對面的方式；對較大的銀行而言，銀行與企業之間的關係持續時間較短並且其排外性（Exclusive）較弱。這些發現表明大型銀行更傾向於基於硬信息發放貸款。他們還發現，當企業與小型銀行打交道的時候，銀企關係維持的時間更長，這表明小型銀行更依賴於關係型貸款技術。最重要的是，他們發現被迫選擇了大型銀行的企業（一般是信息不透明的小企業）會遭受信貸配給。當這些企業可以選擇銀行規模時，如果選擇從規模較小的銀行那裡獲得貸款，則可以緩解大多數信貸配給壓力。

不過，這些經驗研究在方法上存在一些缺陷。Berger 和 Black（2008）指出，在以往相關的研究中，基於硬信息的貸款技術與基於軟信息的貸款技術的區別往往被過度簡化為財務報表型貸款技術和關係型貸款技術之間的區別；很多關係型貸款方面的經驗研究只是簡單地使用銀企關係的強度作為關係型貸款與財務報表型貸款相對比例的測度，因此最多只能衡量大型銀行在硬信息貸款技術上的總體優勢，無法衡量其在某種硬信息貸款技術上的具體優勢；而關係型貸款之外的其他基於軟信息的貸款技術可能被錯誤地歸類為基於硬信息的貸款技術，從而導致有偏估計。

需要指出的是，以往不少研究發現，在中小企業貸款占全部貸款的比例中，小型銀行機構高於大型銀行機構的現象，被作為支持小銀行優勢假說的充分證據。不過從邏輯上看，此現象未必是因為小型銀行在貸款技術方面具有優勢所致，而可能是其他原因所致。比如，由於信息透明度低而風險高以及單筆貸款規模小而平均成本高這兩個原因，小企業對於銀行而言屬於「劣質客戶」。大型銀行機構會優先排除小企業的融資申請，所以，小企業只能向小型銀行機構申請貸款。此外，小型銀行資產規模小，為了分散風險，不能向大企業提供大筆的貸款，故只好向小企業提供貸款。

3.3.4　小銀行優勢假說的前提假設

小銀行優勢假說來源於對小銀行優勢現象的解釋。當然，對小銀行優勢現象存在多種解釋，系統地、自洽的、具有有力證據支持的解釋是基於信息角度的解釋，其中最重要的是 Stein（2002）建立的模型，以及 Berger 和 Undell（2002）的分析。這一假說是基於一些假設條件而建立的。

綜合各種論述，小銀行優勢假說的邏輯可以概括為以下幾點（杜創，2010）：

第一，小銀行在收集、處理軟信息上相對於大型銀行具有比較優勢。理論依據是 Stein（2002）模型和 Berger 和 Undell（2002）的分析。小銀行相對於大銀行的一個特徵是規模小，因而其組織結構簡單、層級少。這提供了授權給處於一線的信貸員進行決策的條件，從而激勵其去收集軟信息。

第二，小企業由於存在財務制度不健全等缺陷，不能提供合格的經過審計的值得信任的財務報表，信息不透明程度高於大企業，並且常常缺乏可供抵押的擔保品等，故基於硬信息的交易型貸款技術不適用於小企業。

第三，由於財務報表不被接受，小企業在申請貸款時依賴於軟信息。作為最主要的基於「軟信息」的貸款技術，關係型貸款技術最適合於小企業貸款。而小銀行的層級簡單的組織結構決定了其在開展關係型貸款方面相對於大型銀行具有比較優勢。

所以，小銀行在向小企業提供貸款上相對於大型銀行具有比較優勢。

從上述論證的邏輯中可以看出，小銀行優勢假說具有以下前提條件。

首先，小企業的信息不透明，貸款依賴於軟信息。其依據是，財務制度不健全，財務報表不可信任，故財務報表型貸款技術不適用。由於小企業往往是「輕」資產，房屋、設備等資產少，缺乏可供抵押的資產，故資產型貸款技術也往往不適用。所以，銀行審批小企業的貸款申請時，依賴於使用業主的人品等軟信息進行決策。

其次，軟信息不能「硬化」，即不能轉化為硬信息。如果業主的人品情況等軟信息能夠轉化為定量的、易於傳遞的硬信息，貸款決策就可基於硬信息進行。

上述兩個前提假設在當時的歷史條件下大致是符合現實的。但是隨著時間的推移，貸款技術、市場環境都在發生變化，上述兩個假設遭受越來越嚴重的衝擊。比如，傳統技術條件下，企業的各種經營信息，如收入、成本、現金流量等都屬於外人無法獲知的秘密，只能由企業自己的財務人員記錄加工形成財務報表，然後對外披露。然而，在電子商務平臺經營的企業，這些信息都會被電子商務平臺獲知並記錄下來。此種情況之下，企業的透明程度大幅度上升；原來的企業規模越小，透明度越差的規律也不再成立。本書第六章將詳細闡述電子商務的發展對企業信息透明度的影響。

小企業信用評分技術主要使用小企業業主本人的信用信息，結合有限的企業本身的信息，對其未來的信用表現進行定量的分析，從而將軟信息轉化成了硬信息。這一技術的運用，對前述第二個前提假設也構成衝擊。與之類似的企業信用評級、個人信用評分等，都是將軟信息「硬」化的技術。

從技術發展趨勢來看，作為小銀行優勢假說賴以成立的基本貸款技術的關係型貸款，最終將被定量化的信用評分技術取代，尤其是信用評分與大數據結合產生了大數據徵信后。本書第四章將對關係型貸款技術進行詳細分析，第五章將詳細分析信用評分技術，以探討后者替代前者的能力、條件和範圍等。最后在第七章分析闡述大數據徵信對關係型貸款技術的替代能力。

3.4 不支持小銀行優勢假說的經驗證據

在早些時期，電子商務等互聯網產業尚未興起，大數據等技術尚未得到廣泛運用，雖然小銀行優勢假說成立的前提條件已趨於成熟，但是其在理論觀點、經驗證據等方面仍受到不少質疑和挑戰。

進入21世紀后，尤其是近年來，越來越多的實證研究結論不支

持小銀行優勢假說。比如有研究發現，很多國家的小企業融資主要來源於大型銀行（de la Torre & Martínez Pería & Schmuckler，2010）。Berger 和 Black（2010）從美國銀行業監管文件中獲取的數據也是如此。他們發現，超過60%的小企業貸款是由資產超過10億美元的大型銀行提供的；並且2006年6月的財政報告（Call Reports）還顯示單筆金額低於100萬美元的貸款占65%；或者單筆金額低於10萬美元的貸款中的68%是由資產超過10億美元的大型銀行提供的。而以往基於美國數據的研究結論多數是，小企業的貸款主要來自小型銀行。Hatice（2014）以土耳其商業銀行為研究樣本，發現無論是在對小企業貸款規模還是在貸款比例（小企業貸款余額/企業貸款余額）上，大銀行均顯著高於小銀行。

Jayaratne 和 Wolken（1999）通過使用1993年美國小企業貸款數據進行的檢驗發現，某一地區較少的小銀行數量與該地區小企業貸款約束狀況在短期內可能存在某種聯繫，但從長期來看並不存在相關性。Berger，Rosen 和 Udell（2007）發現，總的來看，大型銀行在本地市場的份額對小企業借貸並無實質性影響，尤其是向信息不透明的小企業貸款。相反，Thorsten Beck，Asli Demirgü 和 Kuntand Dorothe Singer（2011）發現，在人均 GDP 水平較低的國家，大銀行機構和大型的專業貸款機構，更加容易緩解中小企業的融資壓力。

Berger 和 Black（2011）的研究結果表明，小銀行確實在關係型貸款中具有比較優勢，但是這一優勢體現在與最大型的那些企業的關係中。這意味著銀行通過關係收集軟信息，對於那些最小的企業而言其價值不大。其原因可能是銀行越來越多地使用信用評分法。另外一種可能性是，小型銀行對於並未與之建立緊密關係的小企業更傾向於使用判斷型借貸（Judgment Lending）。而判斷型借貸可能是一種被以往研究忽視了的重要的基於軟信息的借貸技術。

很多研究發現，實踐並不像小銀行優勢假說預測的那樣。Berger，Goulding，和 Rice（2014）發現，小型的信息不透明的企業，並不像小銀行優勢假說預測的那樣傾向於選擇社區銀行（小型的在單一市場和本地市場營運的銀行）作為其主銀行（Main Bank），它們與社區銀行的關係並不比與大型的多市場經營的非本地銀行的關

係更強。Uchida、Udell 和 Yamori（2008）對日本信貸數據的研究表明，各種貸款技術的使用頻率並不隨銀行規模而變化，即小企業從大型銀行獲得關係型貸款的可能性與小銀行相同，從小型銀行獲得交易型貸款的可能性也與大型銀行相同。Beck、Demirgu-Kunt 和 Peria（2009）發現，在控制了銀行特徵和所有制類型後，貸款技術、組織結構與小企業貸款之間的聯繫與傳統的範式不一致，小企業貸款並不單純依賴關係型貸款。姚耀軍和李明珠（2013）對我國相關數據的研究發現，貸款銀行規模與中小企業之間關係的研究結果顯示，小銀行與中小企業的銀企關係更弱。袁增霆、蔡真、王旭祥（2010）對我國的調查發現，我國經濟發達的東部地區的小企業比欠發達的西部地區面臨更嚴重的信貸配給問題，從小企業信貸余額占比情況看，截至 2008 年 9 月，中小企業貸款余額占全部信貸余額的比例為 35.89%。其中，東部地區為 33.11%，東北地區為 33%，西部為 35.17%，中部為 42.31%，即經濟發達地區較欠發達地區對中小企業提供的信貸相對更少。如果小銀行優勢假說能夠成立，我國東部地區在銀行市場的發育程度上比中西部要好，存在著眾多的城市商業銀行和信用合作組織等小型銀行，而且外資銀行數量也更多；就信貸需求面——企業而言，東部的民營經濟更活躍，追求利潤最大化的銀行更應該為其提供更多的服務以獲取更多的利潤才對，那麼東部地區小企業融資問題應該比西部地區相對緩解才對，然而事實卻是相反。

還有很多研究發現技術的進步改變了銀行貸款業務狀況。Petersen 和 Rajan（2002），Hannan（2003），Brevoort 和 Hannan（2006）等研究發現，借貸雙方之間的物理距離的平均值隨時間的流逝而增大。Frame、Padhi 和 Woosley（2004）發現借貸之間的物理距離的平均值的增大與引入信用評分法相關。DeYoung、Frame、Glennon 和 Nigro（2011）發現，在 1993 年之後，借貸人之間的物理距離的平均值加速上升，其中一半可以歸因於銀行採用了信用評分技術。隨著技術進步和管制的放松，大型銀行已經能夠越來越容易地使用硬信息為小型的不透明的企業提供融資服務。Frame、Srinivasan 和 Woosley（2001），Frame、Padhi 和 Woosley（2004），Berger、Frame 和

Miller（2005）、Berger 和 Udell（2006）、Berger 和 Black（2011）發現大型銀行能夠利用小企業信用評分法以及資產抵押貸款技術向信息不透明的小企業發放貸款。

Durguner（2012）的研究表明，隨著時間的流逝，關係在小企業借貸中決定合約條件的重要性已經消失。與此一致的是，Ewijk 和 Arnold（2014）還發現，美國的銀行已經從關係導向型模型轉向了交易導向型模型。楊曄（2008）對我國銀行業的研究發現，中小銀行在市場定位、客戶選擇、經營戰略等方面與大銀行趨同。

此外，銀行業近年來的實踐表明，花旗銀行和富國銀行這樣的大型銀行能夠通過先進的流程設計在小企業信貸市場上穩獲收益。De la Torre、Peria 和 Schmukler（2008）發現，大多數大型銀行確實希望為小企業服務，而且發現這是有利可圖的，尤其是由於激烈的競爭使得銀行在其他貸款市場上的利潤降低了；並且銀行擴展其貸款業務到小企業可以採用關係型貸款以外的技術。

3.5 質疑小銀行優勢假說的已有研究

小銀行優勢假說比較系統地解釋了小銀行優勢現象，邏輯也實現了內洽，故流傳很廣。但是，從其出現開始，就不乏對其質疑的研究。

小銀行優勢假說強調銀行—企業關係、信貸員人工收集軟信息的價值。但是 Petersen 和 Rajan（2000）指出，隨著信息通信技術的不斷發展，銀行會越來越多地利用非人格化的方式獲取申請貸款企業的信息。其中一個表現就是物理距離對貸款的影響將越來越弱。特別是徵信產業將在信息技術進步的刺激下迅速擴張，這些徵信機構依託信息技術採集、存儲和加工眾多企業的信息並高效地傳遞給貸款機構，故銀行特別是大型銀行機構可以及時獲得更多的關於借款企業的硬信息。Ongerna 和 Smith（2000）也對銀企間關係在現代經濟中的價值持懷疑態度。他們指出，大量的金融交易可自動化地、匿名地完成，不需要建立長久的銀企關係。

另外，小型銀行的生存能力也受到了質疑。Basset 和 Brady（2001）從金融體系競爭的角度指出，對銀行業而言，近二三十年來，來自於「並行銀行體系」（Parallel Banking System）的競爭不斷加劇，銀行要與股票、債券和貨幣市場基金競爭存款；對投資者來講，貨幣市場基金可能比銀行存款更有吸引力。2014 年，這一點在我國也已經表現得非常明顯了，以余額寶為代表的貨幣市場基金規模急速增加，對銀行存款（即銀行的負債業務）造成了直接的壓力。在資金來源方面，由於小型銀行遠比大型銀行更依賴吸收存款，近年來貨幣基金產業的大發展可能對小型銀行構成的威脅更大。從投資方面（即銀行的資產業務）來看，小型銀行比大型銀行更依賴消費信貸等市場。貨幣市場基金大量持有金融公司（Finance Company）發行的各種票據，而金融公司在消費信貸等領域與銀行是競爭關係。

3.6　小銀行優勢假說在論證上存在的缺陷

小銀行優勢假說實際上過於強調小型銀行在關係型貸款上的優勢，而忽視了小銀行在開展關係型貸款方面存在的弱點，以及大型銀行在開展關係型貸款方面擁有的優勢。基於小銀行優勢假說的政策主張也往往過於強調發展小型銀行開展關係型貸款的好處。

3.6.1　小銀行在開展關係型貸款方面存在的弱點

雖然從軟信息的收集處理的角度看，小銀行在對信貸員的激勵上具有一定優勢。但開展好關係型貸款，並非僅僅依靠激勵信貸員收集軟信息就可以。小銀行由於自身的缺陷，在開展關係型貸款時也存在不少弱點。

首先，相對於標準化的硬信息，收集、處理人格化的軟信息以及相應地進行決策，對操作人員有更高的技能要求。小銀行很難吸引、擁有、培養和留住相應的高技能的人才。這主要是基於以下兩點原因：從職業生涯的發展來看，組織層次簡單的小銀行的發展空間非常有限；小銀行能提供的報酬（薪酬、社會聲望等）也不足以

和大銀行競爭。所以，從人力資源角度看，小銀行生產軟信息的能力不如大銀行。

小銀行生產軟信息的渠道不如大銀行多，故需要耗費很長的時間，通過密切的、個人化的接觸交往來收集相關信息。人員流動和崗位輪換越來越頻繁是當今各行業的一個顯著特點。由於發展空間有限等原因，企業越小，其人員越不穩定。在離職前，小銀行的第一線的信貸員很難有足夠時間生成此類信息。即使有時間能夠生成此類信息，由於難以儲存、傳遞和驗證的特性，在信貸員離職后，這些信息也就無法再使用。

規模經濟對銀行等金融企業的重要性是具有根本性的，非其他行業可比。無法獲得規模經濟的小銀行可能喪失競爭力，以致難以生存。美國社區銀行的發展歷史即為一例證。20世紀80年代以前，美國的社區銀行在許多領域擁有優勢，但是這種優勢主要來自於由嚴格的管制所帶來的其在本地市場上的壟斷優勢。當管制放鬆後，直接激發了銀行併購浪潮的湧現，社區銀行的絕對數量和市場份額均明顯下降。從1980年至2002年，美國社區銀行的數量從12,366家降至6,936家，其存款、貸款和資產的市場份額均下降了約15個百分點（Keeton，2003）。在我國，新出現的村鎮銀行也由於規模小而導致生存面臨著重重困難，具體狀況包括：①資金營運缺乏規模效應，固定成本比重大，盈利難。②實力弱小，能夠提供的服務領域有限，甚至無力提供銀行卡服務，進而降低其競爭力。③資金來源困難，居民對銀行的認可度與銀行的規模相關，規模小被認為風險大，加之網點少，導致小銀行吸儲難；規模小還導致其無法跨越進入銀行間市場的門檻（中國人民銀行隨州市中心支行課題組，2009）。

3.6.2 大銀行開展關係型貸款的優勢

3.6.2.1 大型銀行開展向小銀行貸款的激勵在增強

小銀行優勢假說強調，由於代理鏈條短，小銀行第一線的信貸員更易於被授予貸款決策權，從而比大銀行的同行有更強的動力去收集軟信息。但是這一論點忽略了銀行開展關係型貸款的激勵問題。

传统观点认为，大银行不愿意向中小企业发放贷款，其信贷员也缺乏激励去收集关系型贷款所依据的软信息。然而，金融脱媒和混业经营的发展趋势，能在很大程度上增强大银行开展中小企业关系型贷款业务的意愿；大银行通过组织结构创新，完全能够激励第一线信贷员去收集软信息。

随着资本市场（包括债券市场）的快速发展，大中型企业的选择更多，金融脱媒现象越来越严重，大银行面临的竞争压力也越来越大，需要开拓新的利润来源，而中小企业是重要的可供开发的领域。

开展关系型贷款，建立关系的过程中，初期的信息收集和成本处理可能是偏高而不划算的。但是银行仍然愿意开展关系型贷款的动力来自于两个方面：①建立关系后，关系存续时期内的低交易成本可以摊薄最初为建立关系耗费的成本；②可以获取关系租金，包括后续贷款、各种中间业务服务和存款收入等。大银行资金雄厚，能提供全面的金融服务，与小银行相比，更能满足中小企业尤其是成长中的中小企业的多样的和不同阶段的需求，所以建立的关系也就更持久，能获取更多的关系租金。

在金融行业混业经营的情况下，关系租金收益还包括承销证券发行等丰厚的投资银行业务收入。而目前，我国已经出现了平安、光大等金融控股集团，业务涵盖银行和证券领域。显然，大银行比小银行更有机会获得此类收益。

传统的大银行组织结构中，决策权配置于较高的组织层级，第一线的信贷员缺乏激励去收集难以传递和验证的软信息。但是，大型商业银行完全可以进行组织机构创新，实现贷款决策权下移。比如，建立内部资金市场，其独立核算的向中小企业发放贷款的部门须通过内部市场价格获得资金。如此，该部门类似于一个小银行而可以被授予独立的贷款决策权，从而实现了决策权下移。

3.6.2.2 大银行开展关系型贷款的能力优势

在面临资本市场（包括股票和债券市场）高速发展带来的激烈竞争，金融脱媒趋势明显的情况下，大银行具有越来越强的动力向中小企业发放关系型贷款。大银行规模庞大、资金雄厚、人才济济、

網點眾多,能夠提供全面的金融服務(金融超市),在開展關係型貸款方面有自己的優勢。

開展關係型貸款的基礎是生產高質量的信用信息,既包括業主人品等軟信息也包括現金流情況等硬信息。開展關係型貸款,不僅僅要求一線信貸員有動力生產軟信息,還要求銀行和信貸員具有相應的能力。大銀行生產信用信息的能力強於小銀行。

生產軟信息的途徑一般包括兩種:第一,長時間的個人化接觸與交流;第二,多種途徑瞭解借款企業,主要通過提供多種金融服務獲取。在通過前一途徑獲取軟信息方面,大銀行具有人才優勢。軟信息作為一種意會知識,其獲取和利用,對人員的能力尤其是對實踐經驗的要求都比易於把握定量化的硬信息要高得多。而大銀行具有人力資源優勢,比小銀行有更多的能勝任開展關係型貸款的人才。在后一途徑上,通過提供全面金融服務,大銀行擁有更多的手段瞭解借款企業的情況,廣泛分佈的網點還使其比小銀行能從更大範圍更全面地把握借款企業的情況。

開展關係型貸款,由於軟信息的特點和中小企業的特點,其風險顯然比基於硬信息的市場交易型貸款要高。大銀行由於資產規模大,可以在不同行業、地區和規模的企業之間進行風險分散配置,故其風險厭惡程度比小銀行要低,更易於與借款企業建立關係。對借款企業而言,大銀行也比小銀行更有吸引力。因為大銀行能提供更穩定的、長期的資金,以及全面的和個性化的金融產品。

3.6.3 基於軟信息開展關係型貸款的缺點

雖然很多論者強調軟信息的價值,但是基於軟信息開展貸款本身也存在不少缺點。從過去幾十年的實踐來看,金融市場的歷史,也是一個軟信息不斷被硬信息所取代的歷史。金融市場的一個明顯的發展趨勢是,小銀行在成本、效率等考量下,也越來越多地使用基於硬信息的貸款技術。

首先,軟信息的生產成本高。金融交易是基於成本收益原則進行的,成本是任何交易均關注的關鍵因素。

獲取軟信息,除了耗費時間比處理硬信息長外,還如 Petersen

(2004) 指出的那樣，至少由於以下兩方面的原因，使生產和利用硬信息的成本低於軟信息。①硬信息更易於自動化（Automate）處理。其收集和處理程序中的某些工作可以交給技能不高的員工或者計算機，從而節約昂貴的人工成本。②硬信息是標準化的。標準化生產可以形成規模經濟，從而實現節約。比如，與由人員構成的信貸審批委員會相比，計算機信用評分系統一經建立，處理信貸審批的邊際成本就微不足道了。用信用評分技術取代傳統的基於直接接觸（個人化交流）獲取軟信息的借貸審批技術，可以節約大量交易成本，實現規模經濟。這正是過去數十年來信用卡產業快速膨脹的原因。

其次，基於軟信息開展關係型貸款的代理成本高昂。

軟信息難以驗證的特性，使上級管理者失去了對生產軟信息並掌握決策權的第一線信貸員直接的、有力的監控手段，決定了銀行基於軟信息開展關係型貸款的代理成本非常高，遠高於基於易於驗證的硬信息開展市場交易型借貸。

軟信息難以驗證的特性，使信貸員失去了直接的約束，大大增加了其受賄和舞弊的可能性。即使給予信貸員所有權激勵，上述代理問題也難以消除。此外，難以驗證的特性還使得掌握它的第一線信貸員被激勵做出虛假報告，誇大項目預期收益而壓低風險，以爭奪更多信貸資源投向其開發的投資項目，從而給銀行帶來損失。所以，銀行需要付出很高的代理成本。

軟信息的特性，決定了基於軟信息開展關係型貸款的成本遠高於硬信息。而伴隨著信息技術的飛速發展，信用評級等信息仲介機構快速擴張，其提供的定量化的信用信息，越來越多地取代傳統的軟信息。金融市場過去40年的歷史就是硬信息取代軟信息的歷史（Petersen，2004）。在這一趨勢下，銀行越來越多地依賴硬信息開展業務，基於軟信息開展的關係型貸款的地位和重要性則趨於下降。

信息仲介機構，比如信用評級機構，收集借款企業的各種信息，包括業主的道德品行等軟信息，進行綜合處理分析，然後給出信用等級（或者評分）這樣的定量化的數據，是一個軟信息「硬」化（Harden）的過程（Petersen，2004）。作為專業化的信息生產機構，

信用評級公司等專業的信息仲介比小銀行更有動力生產軟信息；從效率角度看，專業化分工也使信用評級機構生產軟信息的效率比小銀行更高。尤其是在如今的信息時代，信息技術的飛速進步使得獲取中小企業的信用狀況和信用記錄更容易、更及時，專業化的信用仲介機構的信息技術採集、存儲和加工眾多企業的信息效率比由銀行生產此類信息的效率高，不僅成本更低，而且更快，從而利於貸後的監管。正因如此，20世紀70年代以來，信息仲介產業得到了快速擴張（Petersen & Rajan，2000）。電子商務的發展，為獲取企業信用信息提供了更加便捷的渠道。比如，在2010年6月，就有2,000多萬中小企業在阿里巴巴網路貿易平臺進行交易，全國有超過1,200萬家個人網店（中國電子商務研究中心，2010）。這些電商的信用記錄、發生交易的狀況、投訴糾紛情況等信息，為進行貸款審查的信用評估計算分析提供了良好的數據來源。

在專業的信息仲介迅速發展的情況下，銀行自己生產軟信息的意義和動力均會減弱。據《重慶晨報》2010年7月29日報導，重慶的六家小額貸款公司在2010年集中接入人民銀行徵信系統后，就「不再花大力氣調查受貸方底細」，兩個月內，查詢信用報告1,631筆，貸款審核時間大大縮短，共計批准貸款599筆、金額1.13億元，拒絕貸款286筆、金額1,400萬元。中國建設銀行及中國工商銀行與阿里巴巴集團合作，利用后者提供的網路交易信用記錄數據，從2007年5月到2008年3月，向近百家中小企業發放貸款就超過1.6億元人民幣。時任中國工商銀行行長的楊凱生表示：「將信貸金融服務和互聯網有機結合，並拓展到電子商務領域，共同發掘和培育以網上交易和網路信用為基礎的網上交易融資市場，將使越來越多誠信的網商成為受益者。」

3.6.4 銀行業結構與績效之間的關係問題

小銀行優勢假說在我國曾經得到非常廣泛的支持。一些人對其進行論證時，討論了銀行業的產業結構與效率之間的關係，認為增加小銀行在全部銀行中的比重可以增加銀行業的績效。比如，於良春和鞠源（1999）、焦瑾璞（2001）對中國銀行業的行業結構進行

了統計分析，認為存在高度集中和國有銀行壟斷低效率的問題。但是劉偉等（2002）指出，「結構—行為—績效」分析範式不適合於銀行業。因為利率作為市場價格，受很多因素制約，寡頭企業難以操縱，並且也不能通過減少供給（貸款）的方法抬高價格。相反，由於規模經濟和範圍經濟，銀行規模與績效之間是正相關的，現代技術的高投入性決定了大銀行更具有競爭優勢（楊曉光和盧授永，2003）。

　　值得指出的是，金融系統一個最重要的功能是資源配置。從資源配置效率看，小銀行不如大銀行。當存在相互競爭的投資項目時，小銀行在各自的小範圍內進行決策，資源配置效率顯然不如由大銀行集中資金在更廣範圍內進行決策。此外，金融系統應該支持整體經濟發展戰略。小銀行的資金實力微弱，對於高風險的自主創新活動無力提供支持。而建設創新型國家，是我國整體經濟發展戰略的重要內容。

4 關係型貸款

在小銀行優勢假說中，關係型貸款（Relationship Lending）居於核心地位，是在開展關係型貸款上的優勢造就了小銀行在向中小企業貸款上的相對大型銀行的優勢。

4.1 關係型貸款的含義

在關係型貸款這一術語出現之前，就有學者注意到借貸雙方之間保持長期關係的重要性。馬歇爾在《貨幣、信用與商業》一書中寫到：

「一個銀行家若一直與住在其銀行附近的人來往，則常常可以只根據個人信用很有把握地發放貸款，而這是那些與其顧客不直接打交道的大股份銀行部門經理所做不到的。」「私人銀行的股東們只關心自己銀行的繁榮。而且可以根據自己的判斷和考慮，不受任何約束地從事自己認為值得的冒險，儘管這種冒險在銀行看來是不值得的。的確，他們也可能會和銀行附近的工商界的領袖們平等地密切往來，從而可以對借款申請人的個人品質和經濟情況作出正確的判斷。」

Petersen 和 Rajan（1994）在使用美國 1987 年對小企業的經營調查數據進行實證研究后發現，企業和銀行建立密切關係有助於增加信貸的可得性，所以認為企業和銀行之間的關係具有重要的價值。

Berlin 和 Mester（1998）明確地給出了關係型貸款的定義，「建立全面、細緻的銀企關係，利用銀行和企業之間的長期合作關係，來最大程度地減少企業借貸風險的一種貸款協議」。他們認為，關係

型貸款以銀行對借款人保持密切監督、銀企重新談判和雙方長期隱性合約為基本特徵，其主要表現形式為額度貸款和承諾貸款。

  Berger（1999）認為，如果一個企業在某一時期內的融資活動中同時出現了下面的三個特徵，就可以判定該活動屬於關係型貸款：①金融仲介機構擁有企業的專有性信息，這些信息是普通公眾所無法獲得的；②金融機構所擁有的企業專有性信息是通過與同一客戶的長期或者多種金融服務交易而得到的；③內部信息對於局外人自始至終具有機密性，僅僅為關係型融資雙方所特有。

  Berger 和 Udell（2002）對關係型貸款的定義影響較大：銀行的貸款決策主要基於通過長期的、多種渠道的接觸所累積的關於企業及其業主的相關信息而作出，其前提是銀行和企業之間必須保持長期、密切而且相對封閉的交易關係。他們把銀行貸款按技術區分為財務報表型貸款（Financial Statements Lending）、資產保證型貸款（Asset-Based Lending）、信用評分技術（Credit Scoring）貸款和關係型貸款。前三類貸款技術被歸並為交易型貸款，這類貸款決策的作出是基於銀行相對容易取得的「硬」信息，而不是基於通過長期交往建立的銀企關係才能取得的「軟」信息。關係型貸款中的決策主要基於軟信息。

  總之，關係型貸款的特徵是銀企之間存在著長期互動的關係，在關係存續期間銀行收集到大量的企業及其業主的私有信息（既包括企業的財務狀況、現金流量、企業以前的還款記錄和項目的執行情況等可以傳遞、複製的數字化的硬信息，也包括企業主個人的素質、品德、還款意願等「軟信息」，其中最為關鍵的是「軟信息」）。這些信息成為銀行進行貸款決策的依據。

4.2　關係型貸款中的軟信息的收集過程

  關係型貸款相對於交易型貸款的特點，同時也是其所倚重的是收集使用難以量化、檢驗及傳遞的「軟信息」。這些信息具有強烈的人格化特點，傳統技術條件下無法從公開市場渠道獲得，而是由信

貸員與企業主通過長期的、多渠道的人際接觸，或對企業所在社區和企業的利益相關者（股東、債權人、客戶和雇員等）的多維度聯繫而累積所得。為了考察企業主的品行，信貸員一般需要與其進行直接的交流，瞭解他對行業的見解、創意、對公司未來前景的判斷以及他對市場的瞭解。除了直接與企業主、其員工、朋友、客戶等交流收集信息外，還會根據銀行結算記錄、銀行信用記錄等，最后綜合形成對企業主人品的評價。

從上述信貸員收集信息的過程來看，要形成對申請貸款企業信用情況的正確判斷，信貸員不僅需要與業主有長期交往，還必須具有非常全面的知識（心理學、產業經濟、財務等）以及經過嚴格的訓練。這類信貸員屬於非常稀缺的高技能人才。從討論小銀行優勢假說的角度出發，小銀行必須招募和保留一批這樣的高技能人才才能有效開展關係型貸款。在人才市場上，小銀行對這樣的高技能人才是否有足夠吸引力，則是一個難題。

4.3　銀企關係對貸款利率的影響

信貸可得性是一個可從多維度測量的問題，除了信貸金額外，還常常從貸款利率和抵押要求等維度進行測量。那麼銀行—企業關係如何影響貸款利率？企業是否可以通過建立的密切的銀企關係獲益？比如建立更強的銀企關係后，企業申請貸款時是否可以降低抵押方面的要求？關係型貸款理論研究文獻主要集中回答上述問題。

4.3.1　早期理論研究

大型企業比較容易從公開債券市場獲得融資，而小企業由於信息不對稱問題比大型企業更為嚴重，故依賴於從銀行之類的專注於處理信息不對稱問題的機構融資。

銀行等機構投資者生產關於企業的信息用於其信貸決策（Diamond, 1984; Ramakrishnan & Thakor, 1984）。生產信息的一個方式是通過重複提供銀行服務。隨著時間的推移，此方式可以揭示關於

客戶的有價值的私人信息。所以銀行對於小企業的某些貸款類型是關係驅動的，貸款決策所依據的私人信息是通過與客戶長期接觸收集的。銀行可以通過支付歷史記錄瞭解企業的還款能力，更多的則是通過提供諸如儲蓄帳戶、清算支付帳戶等獲取相關信息，然后根據這些信息確定貸款合約條款。相關理論研究聚焦於銀企關係發展對這些貸款合約條款的影響（Greenbaum & Kanatas & Venezia, 1989；Sharpe, 1990; Boot & Thakor, 1994），以及在發生流動性危機時取得貸款的能力（Longhofer & Santos, 1998）。

4.3.1.1 正相關論

Greenbaum, Kanatas 和 Venezia（1989）及 Sharpe（1990）認為，銀企關係的長度與融資成本之間是正相關關係。其原因是，銀行通過持續的銀企關係獲取信息能夠產生信息壟斷，或者稱為「勒索」問題；而如果借款人要轉向其他銀行需付出高昂的轉移成本。在 Greenbaum, Kanatas 和 Venezia（1989）所建立的模型中，企業選擇在一個時間段與同一家銀行保持貸款關係或者尋找新銀行並因而承擔搜索成本。由於具有信息優勢或者企業需付出搜索成本，故現有銀行可獲得壟斷利益。潛在的外部銀行可能通過降低價格以與企業建立關係，目標則是瞄準未來的壟斷收益。

Sharpe（1990）的論證類似，不過他建立的是一個兩階段模型。在每一階段，對於企業的每個融資項目，不同銀行之間展開競爭。不過，與企業保持著長期關係的銀行能獲得關於企業項目的信息，而外部銀行只能獲得有噪聲的信息。這意味著銀行會在企業處於發展初期時即利用較低價格與之建立借貸關係。但是，此階段的低價格可以在以后階段銀行取得壟斷地位后獲得補償——即在以后抽取信息租金和后端租金（Back Loading of Rents）。Von Thadden（1998）的研究表明，由於存在「贏家詛咒」（Winner's Curse）現象，Sharpe（1990）模型中的純策略均衡並不存在，不過存在著借款人被有限的信息捕獲（Limited Informational Capture）的混合策略均衡。這意味著關係型貸款中企業承擔的利率會高於市場利率，在以后偶爾會出現借款企業轉向其他銀行的情況。Yosha（1997）的研究表明，即使經濟增長到非常大的規模，關係型貸款中的利率（價格）與銀行服

務的邊際成本之間的矛盾（Tension）仍然會持續。

4.3.1.2 負相關論

Boot 和 Thakor（1994）認為，銀企關係長度與貸款利率之間是負相關關係。銀行選擇貸款利率和抵押條件等條款時，目標是動態地最優化借款人的激勵以不失去客戶。故在企業創立早期會收取較高的價格（利率），在企業成長后則會降低價格以挽留之。在此情形中，存在著前端租金（Front Loading of Rents）。對於抵押條款的決策，與利率的情況類似。

信貸市場的競爭可能會影響到盈余在銀行與企業之間的分配（Petersen & Rajan，1995）。信貸市場的競爭會降低銀企關係對於企業的價值。可以推斷認為，信貸市場的競爭增強會降低從銀企關係中分享盈余的可能性。信貸市場的競爭程度隨企業規模而異。不管是公開的債券市場還是銀行貸款，吸引大型企業客戶的競爭非常激烈。而由於私人信息（軟信息）不容易傳輸，小型企業從信貸市場競爭中獲益很少。所以跨期租金轉換的可能性對於小型企業非常重要。至少應該從兩個維度來仔細考察銀行—企業關係（Petersen & Rajan，1994）。第一個維度是借貸關係持續時間的長度。在借貸關係持續期間，通過銀企之間的互動所生產的信息應該影響到借款成本，尤其是信息為不可觀察或者不可能傳遞給外部人時（即軟信息）。第二個維度是關係的寬度，包括提供的服務產品種類的多少等。通過提供多種產品服務，有助於獲取信息，比如銀行為企業開立支票帳戶與儲蓄帳戶，就可以通過這些帳戶輕易獲取有價值的信息（Nakamura，1991），並且為銀行監控借款人提供便利。最后，多種產品還可以分攤固定成本。上述多維度對關係的考察結論是，銀行—企業關係可以降低貸款的利率。

4.3.2 相關實證研究提供的證據

關於銀企關係的影響，早期的實證研究主要關注其對於經濟的價值。這些文獻可以分為兩類。

第一類文獻對銀企關係進行間接的檢驗。比如，討論所存在的銀企關係是否增加了企業的價值。對美國市場的研究發現，從銀行

獲得信貸額度可以增加股票收益率（James & Wier, 1990）。對日本市場的研究，如 Hoshi, Kashyap 和 Scharfstein（1990 & 1990 & 1991）的研究發現，與銀行保持緊密關係的企業不容易陷入流動性困境（Liquidity Constrained）。

　　第二類文獻研究使用銀企關係強度指標來直接檢驗銀企關係的影響。Petersen 和 Rajan（1994）利用美國聯邦儲備委員會和美國中小企業管理局聯合發起資助的關於小企業貸款狀況的調查（即「全國小企業融資調查」）的相關數據研究發現，銀企關係長度對於貸款利率有稍微但不顯著的正面影響。其后，Petersen 和 Rajan（1995）對此問題做了進一步研究，結果發現在集中性越高的信貸市場，貸款人越傾向於向小企業提供更多的貸款。他們給出的解釋是，借款人所處的信貸市場集中性越高，貸款人就越能保證與借款人的關係持久化。

　　Berger 和 Udell（1995）的研究發現，在美國這一由公開市場主導的金融體系下，貸款利率隨銀企關係長度增加而下降。Weinstein 和 Yafeh（1998）檢驗了日本的銀企關係對企業績效的影響。他們發現緊密的銀企關係在增加信貸可得性的同時也增加了利率。Ongena 和 Smith（1997）對挪威的銀行—企業關係長度的影響進行了研究，結果發現與市場利率之間是正相關關係。Harhoff 和 Körting（1997）根據調查數據對德國市場進行了檢驗，發現對於德國的小型企業而言，關係長度變量對於外部融資價格具有正面影響，對貸款可得性的影響更強。Elsas 和 Krahnen（1997）使用信貸文件數據對德國中型企業進行了研究，發現保持銀行—企業關係的企業所獲貸款的數額與其他企業相比並無顯著差異。

　　小企業信息透明度差的原因是其管理不規範、財務制度不健全，故不能提供具有合格的審計結果的財務報表，即硬信息缺乏。為了解決信息不對稱問題，中小企業在融資中依賴於軟信息。關係型貸款是主要基於軟信息的貸款技術，從這個意義上來講，引入關係型貸款可以增加小企業信貸的可得性。不過從歷史發展的角度來看，在交易型貸款技術出現前，所有的貸款均可歸結為關係型貸款。從這一角度來看，很難講關係型貸款能增加企業融資的可得性。

4.4 小銀行在關係型貸款上的優勢及原因

很多研究認為，小銀行在關係型貸款上相對於大銀行具有優勢。

Strahan 和 Weston（1990）發現銀行對小企業的貸款和融資關係的持續時間與銀行規模之間存在很強的負相關關係。Berger 和 Udell（1996）利用美聯儲關於銀行對企業貸款條件的調查數據研究發現，大型銀行對小企業的「關係型借款人」提供相對較少的貸款。

Berger，Miller 和 Petersen（2002）發現，社區銀行比大型銀行更善於處理「軟信息」並據此發放貸款，而大型銀行比較不願意對無正規財務記錄、信息不透明的企業提供信貸，大型銀行與借款人之間的交往更多地具有非人際化特徵。Cole 等（2004）亦得到了與上述 Berger 等（2002）相一致的結論。而小企業顯然是屬於經常存在信息不透明問題從而需要依賴關係型貸款來滿足的借款人。作為一種間接的證據，有較多的實證研究發現大銀行資產中用於對小企業貸款的比重遠低於小銀行；銀行併購后，一般會出現對小企業貸款占其總資產的比率下降的狀況（Berger & Kashyap & Scalise，1995；Berger & Saunders & Scalise & Udell，1998；Peek & Rosengren，1998；Strahan & Wester，1998；Zardkoohi & Koari，1997）。

對於小銀行在關係型貸款上的優勢產生的原因，有不同的解釋。

Hauswald 和 Marquez（2002）認為，與在本地經營的小銀行相比，大銀行距離小企業借款人的物理距離一般較遠，故在收集處理軟信息上存在劣勢。他們建立的模型表明，關係型貸款將隨信息距離（Information Distance）的擴大或生產關於借款人的特定信息成本的提高而減少，而上述成本一般與物理距離相關。顯然，此種情況會隨著銀行開設分支機構的管制放開而不再成立，大型銀行可以通過在各地開設分支而與當地社區銀行取得同樣的競爭地位。故他們的解釋適用範圍很窄，是產生於美國特定歷史條件下的一種理論。

Stein（2002）則是從激勵機制的角度進行分析。不同的銀行組織結構在信息生產和有效配置資金方面的能力不同，是小型銀行在

基於軟信息為特徵的關係型貸款方面的優勢產生的根源。處於一線的信貸員對貸款項目的質量判斷的準確性依賴於其信息收集處理工作的質量，而信息收集工作的質量又取決於信貸員所受到的激勵。當貸款決策是基於軟信息時，在大型銀行的層級組織結構中，資金分配的權力集中於組織的高層，信息生產與資金配置權相分離，那麼即使一線信貸員付出努力收集到關於小企業的軟信息，這類信息也無法向上級管理層傳遞，從而就弱化了其收集軟信息的激勵。與之形成對比的是，在小型銀行中，管理層次較少，信息生產與資金配置權在一定程度上實現了結合，小銀行的信貸員從事軟信息生產的激勵就相對較強。

Bergerand 和 Udell（2002）從關係型貸款決策中所依據的軟信息的性質出發，從代理問題角度分析論證了大型銀行之所以難以有效開展關係型貸款的原因，從而闡明小銀行在開展關係型貸款上的優勢的根源。關係型貸款的實施依賴於銀行長期收集和累積關於企業的軟信息，而軟信息的獲取則依賴於處於一線的信貸員。由於軟信息的特點是，其難以在組織結構複雜的大銀行內部傳遞，關係型貸款的決策權必須下放給掌握著這些軟信息的處於一線的信貸員，這不可避免地會出現代理問題。代理問題的嚴重程度取決於銀行規模及組織複雜程度。規模小、管理層次少的銀行所面臨的這一問題相對較輕，而委託代理鏈條長，科層結構複雜的大銀行所面臨的這一問題較為嚴重，因此小銀行在關係型貸款上具有優勢。張捷（2002）的基本思想與 Berger 和 Udell（2002）相似，他使用圖 4-1 比較形象地說明小銀行在關係型貸款上的優勢的來源。在圖 4-1 中，信息成本隨著貸款決策權的分散而趨於下降，但是存在一個成本最低的最優信息決策點，該點為在不考慮代理成本的情況下，開展關係型貸款的最優決策權配置點。代理成本隨著決策權的分散程度的加大而上升。交易總成本為信息成本與代理成本之和，銀行的最優決策權配置應當處在總成本最小的位置上。由於具有更多的管理層級，大銀行的代理成本曲線 L 比小銀行的代理成本曲線 S 有著更陡的斜率。大銀行的最優決策配置點 L 就比小銀行的最優決策配置點 S 更加靠近橫軸的原點，即大銀行的決策權更集中於較高的組織層級。

Brickey、Linck 和 Smith（2003）也從關係型貸款中所使用的軟信息的性質出發分析小型銀行的優勢來源。但是他們認為，小型銀行在關係型貸款上相對於大銀行的優勢源自於所有權激勵。處於一線的信貸員掌握著小企業的信用信息（軟信息），由於這些信息不能被有效地傳遞給其他人，處於一線的信貸員必須被授予較大的決策權力。為了解決代理問題，在多任務環境中難以設計有效的激勵性報酬合約的條件下，解決的方法是同時給予他們較多的所有權份額。而以社區銀行為代表的小型銀行機構的所有權結構一般具有集中性的特徵。因此，處於一線的信貸員有著強烈的所有權激勵，他們會付出較多努力來收集處理軟信息，並可信任其將以與股東目標相一致的方式來使用這些信息。與 Stein（2002）的觀點相比較，Brickey 等強調直接來自股份所有權的激勵效應，而 Stein（2002）強調的是控制權的激勵效應。

　　關於小銀行在關係型貸款上存在優勢的原因，還有觀點認為這與大銀行在對大企業客戶提供批發業務的同時也開展對小企業的零售業務，可能會引致威廉姆遜型組織不經濟（Organizational Diseconomies）有關。換言之，某一金融機構若從事多項業務品種，而這些業務品種又要求採用不同的技術，可能會造成範圍不經濟問題（Berger & Demsetz & Strahan，1999）。

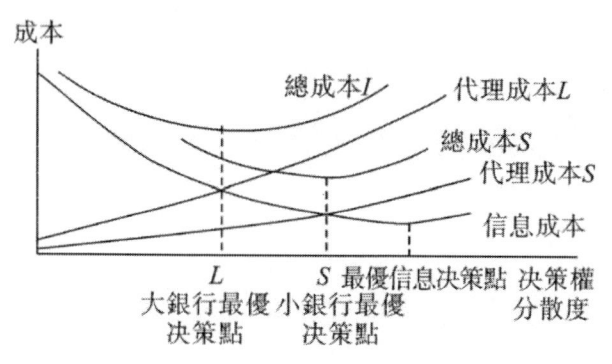

圖 4-1　決策權分散度與成本之間的關係

說明：橫軸表示決策權分散程度，分散程度越高表示貸款決策權距離組織結構的基層越近。

4.5 關係型貸款的局限性

很多文獻強調通過發展關係型貸款來解決中小企業融資難問題,而對關係型貸款本身的局限性重視不夠。

從關係型貸款中銀行的供給函數來看,利率和貸款量並非是正相關函數,那麼其解決信貸配給問題的能力就是有限的。銀行的供給曲線並非直線,那麼還是會出現配給現象,關係型貸款只是防止配給的過早出現。

在關係型貸款中,銀行具有壟斷地位,會索取信息租金。關係型貸款中銀行掌握的關於企業的信息是私有信息,形成信息壟斷;而企業轉向其他銀行需要付出很高的成本。故關係中的「在位」銀行會索取高於市場競爭水平的利率。

關係型貸款可能會導致貸款「軟約束」問題。當企業的初始貸款需求得到滿足後,其融資需求可能會進一步擴大,貸款風險也會進一步增加。在關係型貸款中,銀行為了收回前期的貸款投入,可能會傾向於滿足企業新增的貸款需求,以避免企業違約。對於企業來說,預算約束是「軟」的。過去的二十多年是日本經濟和金融體系「失去的 20 年」,其金融體系就是所謂「關係型融資」(Relationship Financing) 和「主辦銀行制」(Main Bank System)。日本經濟陷入困境的原因之一就是關係型貸款中,由於銀行介入企業而導致的貸款「軟約束」問題以及銀行和企業之間的相互「勒索」問題。

銀行開展關係型貸款的成本很高,須通過維持長期借貸關係來分攤成本,這其實要求關係型貸款中的企業具有較長的壽命。美國《財富》雜誌報導,美國中小企業平均壽命約為 7 年,勉強能夠滿足開展關係型貸款需要的時間。但是我國中小企業的壽命則要短得多。普華永道會計師事務所發布的《2011 年中國企業長期激勵調研報告》統計,中國中小企業的平均壽命僅 2.5 年。如此短的壽命,意味著銀行很難會有動力開展關係型貸款。

此外，關係型貸款在很多情況下，還面臨著政府干預的問題。金融抑制盛行的發展中國家，其典型特徵之一就是政府對金融運行的頻繁干預。尤其是在我國，地方政府對地方中小銀行具有很強的干預能力（地方政府常常是當地中小銀行的股東，此外還可能通過其他政治、組織等渠道干預銀行的經營業務）。而張憬和劉曉輝（2006）建立的一個三階段的博弈模型說明了在金融抑制條件下政府干預對銀行業開展關係型貸款業務的影響，指出政府干預通過競爭效應和擠出效應會導致關係型貸款業務的萎縮。

4.6 小結

關係型貸款在信息收集上的特徵可總結為：①信息的收集基於長期的銀企關係；②不僅僅收集財務報表等各類公開的硬信息，還收集不易量化和傳遞的軟信息；③不僅通過給借款企業提供多種金融服務來獲取信息，還通過與借款企業所在社區相關主體的交往來收集信息。依靠長期關係累積的「軟」信息可以在一定程度上彌補小企業不能提供合格「硬」信息的缺陷，使銀行可以進行信貸決策。但是有效實施上述軟信息的收集、使用，所要求的條件在現實中是未必存在的。這些條件包括有高技能的信貸員以及企業的預期壽命足夠長等。

在小銀行優勢假說中，還暗含著一個假設，即沒有其他技術手段可以替代完成收集同種信用信息（主要是業主人品等軟信息）的任務。不過，本書後面的章節表明，某些新發展出來的技術（如大數據徵信）能夠完成收集同種信用信息的任務。

軟信息具有不易於傳遞和驗證的特徵，依賴於軟信息的決策不能與信息收集者分離。在信貸活動中，收集軟信息的是基層第一線的信貸員。小銀行由於組織層次少，比大型銀行更適合開展關係型貸款。

作為一種傳統的貸款技術和方法，關係型貸款本身存在不少局限性。關係型貸款中銀行能壟斷關於企業的信息，故可以索取信息

租金，導致利率高於市場利率。此外還有可能導致軟約束問題等。其實，在我國現實的環境下發展關係型貸款還面臨著不少問題、困難和障礙。如果出於解決小企業融資難問題而建立以小型銀行為主的銀行業結構，就會帶來金融系統風險加大和資源配置效率下降等問題。在傳統的技術條件下，還可以假設為了解決小企業融資難題，付出這些代價是值得的，那麼在金融市場、相關技術取得高速發展的背景下，其他技術手段可以替代關係型貸款時，再付出這樣的代價可能就不值得了。最后，從社會資本理論的角度來看，關係型貸款是嵌入社會網路的經濟行為。我國正處於工業化、城鎮化快速發展的階段，人口大規模遷徙，整體社會資本水平下降，也不利於開展關係型貸款。

5 小企業信用評分技術

小企業信用評分（Small Business Credit Scoring，簡稱 SBCS）作為一種 20 世紀 90 年代出現的交易型貸款技術，出現不過數年就對小企業貸款產生了重大影響。該技術現今仍處於不斷發展之中，必將對小企業貸款業務產生更大的影響。

5.1 信用的概念

信用（Credit）一詞有多種含義。《現代漢語辭典（第 6 版）》對該詞的解釋是：①「能夠履行跟人約定的事情而取得的信任」，如講信用，喪失信用；②「不需要提供物資保證，可以按時償付的」，如信用貸款；③「指商業銀行借貸或商業上的賒銷、賒購」。《新帕爾格雷夫經濟學大辭典》對該詞的解釋是：「提供信貸意味著把對某物如一定金額的資金的財產權給以讓渡，以交換在將來某一特定時刻對另外的物品、貨物或資金的所有權。」

因此，狹義的信用是指經濟領域內的各種借貸關係中恪守承諾的給付行為以及各種給付形式，故信用又指信貸。本書即從狹義的意義上使用信用一詞。

5.2 信用評分的發展歷史

信用評分是最早開發的金融風險管理工具之一，是幫助金融機構發放貸款的一整套決策模型及其支持技術。其在利用大量歷史數

據建立評分模型的基礎上，以評分這一量化的形式預測貸款申請人未來違約的可能性。信用評分最初在20世紀五六十年代被用於個人貸款（如信用卡、汽車貸款等消費貸款）。至於小企業貸款領域，由於小企業之間的異質性以及數據收集處理等方面的問題，信用評分技術在20世紀90年代中期取得重要發展后才開始得到應用。

5.2.1 個人信用評分的發展歷史

信用評分實質上是將一個總體按照不同的特徵分成若干個不同組的一種方法。這種將總體劃分成不同組的思想在統計學中最早是由Fisher（1936）提出的。大衛·杜蘭德（David Durand）發現可以用同樣的方法來區分「好」的貸款和「壞」的貸款。其在1941年出版的《消費者分期付款信貸的風險因素》（Risk Elements in Consumer Installment Financing）一書中系統地提出使用數理統計模型來輔助消費者授信決策的觀念，並給出一些統計方法以處理消費者個人信用信息。

第二次世界大戰后，歐美國家消費信貸產業蓬勃發展，金融機構面臨消費信貸客戶數量劇增的問題。同時，消費信貸的壞帳風險不斷增長。傳統的依靠信貸員憑藉經驗來處理貸款申請的方式，從成本和準確性兩個方面來看，都不再適用了。實踐迫切要求對信用申請的評估實現自動化和標準化。信用評分技術就是在這樣的背景下產生的。

Bill Fair和Earl Isaac在舊金山成立的諮詢公司（即今天的費埃哲公司，Fair Isaac）於1958年為美國投資公司開發了第一款信用評分模型。費埃哲公司於20世紀六七十年代又分別為蒙哥馬利沃德郵購公司和康涅狄格銀行信託公司（CTBC）開發了信用評分模型和信用卡評分模型。1989年，費埃哲公司又與消費徵信機構Equifax合作開發了一款沿用至今的通用信用評分模型——費埃哲評分（FICO Score）。此后，費埃哲公司還與其他兩家徵信機構Trans Union和Experien合作開發了幾個不同的信用評分模型。此后，其他諮詢公司紛紛仿效費埃哲公司建立適用於不同領域的信用評分模型，一些大的商業銀行也基於自己的內部客戶數據建立了自己的信用評分模型。

美國的銀行等機構在引入利用計算機技術和數學統計方法建立的信用評分技術系統后，不僅節約了人工成本，還提高了貸款決策的準確率，降低了信用風險，不良貸款率下降了50%以上（Myers & Forgy, 1963; Nevin & Churchill, 1979）。1975年美國頒布的《公平信貸機會法》標誌著信用評分已被社會完全接受。進入20世紀80年代后，信用評分技術在更為廣泛的領域得到應用：汽車貸款、住房抵押貸款的審批等都開始引入信用評分技術。目前，信用評分已經滲透到歐美國家居民的日常生活中。有報導稱，如今的歐美國家每人每個月被不同的信用評估機構評分的平均次數達兩次。

5.2.2 小企業信用評分技術的發展歷史

由於小企業存在顯著的異質性，使得預測變得很困難，以及不同銀行甚至同一家銀行內部採用的徵信方法存在多樣性，因此直到20世紀90年代，信用評分技術才開始被運用於對小企業貸款的審批中。發生此變化的原因是，20世紀90年代的研究發現，小企業業主個人的信用信息——尤其是小微企業——能夠解釋大部分小企業的信用表現。費埃哲公司和羅伯特·莫里斯協會（Robert Morris Association, RMA, 由美國商業貸款以及風險管理機構組成的金融行業協會，有超過3,000家的會員）的聯合研究發現，銀行從業者長久以來收集的約400種信息中，只有十多種（多數與業主相關而不是企業本身）在區分貸款的好壞時是有效的，而企業本身的一些指標如年齡、淨資產甚至盈利能力等都不算非常重要。

費埃哲公司聯合羅伯特·莫里斯協會在1995年建立了其第一個小企業信用評分模型。最初建立該模型所使用的樣本是來自美國17家大型銀行的5年中超過5,000份的小企業貸款申請。弗埃哲公司在1996年對該模型進行改進時，將樣本擴大到25家銀行。該模型出現后不久，數家大型銀行就開始在貸款審批中採用SBCS方法。目前，大約有300家美國銀行仍然在使用費埃哲公司的SBCS模型來評價其小額商業貸款（占其全部貸款的90%以上）。諸如鄧百氏（Dun & Bradstret）、益百利（Experian）等徵信機構以及大量的商業銀行也都研究開發了自己專有的小企業信用評分模型。

受 SBCS 在美國成功應用的影響，英國、日本等國家的相關機構也相繼開發了中小企業信用評分模型。如今，歐洲的波蓋耳公司（Burgel Wirtschafts Informationen GmbH & Co.）、亞洲的日本帝國徵信公司（Teikoku Data Bank Ltd.）等徵信服務機構都建立了自己的 SBCS 模型，用於提供中小企業信用評價服務。

國外學術界也對小企業信用評分技術進行了廣泛研究。Blanco，Irimia 和 Oliver（2011）利用英國接近 4 萬家非上市公司（違約與非違約公司的比例為 1∶1）1999—2008 年的貸款數據建立了小企業信用評分模型。Snyder 和 O'Brien（2011）對俄羅斯的小企業信用評分模型進行了分析。Ryo HASUMI 和 Hideaki HIRATA（2010）基於日本企業的數據建立了日后得到比較廣泛使用的小企業信用評分模型。Abdou，El-Masry 和 Pointon（2007）構建了適用於埃及的小企業信用評分模型。Miller 和 Rojas（2004）分析了小企業信用評分模型在巴西、哥倫比亞和墨西哥等發展中國家應用的可行性及障礙。Kwan 和 Tan（1986）構建了適用於新加坡的小企業信用評分模型。

我國相關機構也對小企業信用評分技術進行了研究。中國人民銀行在 2007 年啟動了中小企業信用評分的研究和開發工作，目前已經取得一些階段性的成果。在開發完成后，將可以在企業信用報告中查詢到中小企業的信用分值。中國工商銀行已經開發了不同類型的 SBCS 模型並進行了多輪測試，在實際應用中表現良好。國內一些大型的信用評級公司，如大公國際資信評級公司，也與國際評級公司合作開發了適用於我國中小企業的信用評分模型。

5.3 小企業信用評分模型原理

5.3.1 消費信用評分原理

信用評分的哲學基礎是實用主義和經驗主義，即根據樣本（歷史數據）建立模型，對具有相同特徵的評估對象未來的信用表現進行預測。所有與申請人違約風險相關的特徵變量都盡可能地包括在預測模型中，表 5.1 是消費信用評估中常見的需收集的信用變量類別。

表 5.1　　　　　　消費信用評分考察的變量類別

反應的情況	變量
收入穩定性的變量	現住址居住時間
	當前單位工作時間
財務狀況的變量	儲蓄帳戶的數量及金額
	信用卡帳戶的數量及逾期
	銀行未償還貸款狀況
財力的變量	居住狀況
	就業狀況
	配偶的就業狀況
潛在支出情況	需要撫養人數
	子女人數

不同變量在評分中所占權重主要根據歷史數據等進行測算。信用評分得分越高表明信用越好（違約可能性越小）。如圖 5.1 所示，FICO 評分的信用分數範圍在 300~850 分之間。如果 FICO 評分達到 680 分以上，可以認為是信用卓著，屬於優質客戶。如果 FICO 評分值低於 620 分，則屬於劣質客戶，一般會被拒絕貸款。如果 FICO 評分值在 620~680 分之間，則需要結合其他方法做進一步的分析。VantageScore 的評分範圍則是 501~990 分，並被劃分為五個等級，分別是：A 級 = 901~990 分、B 級 = 801~900 分、C 級 = 701~800 分、D 級 = 601~700 分、F 級 = 501~600 分。

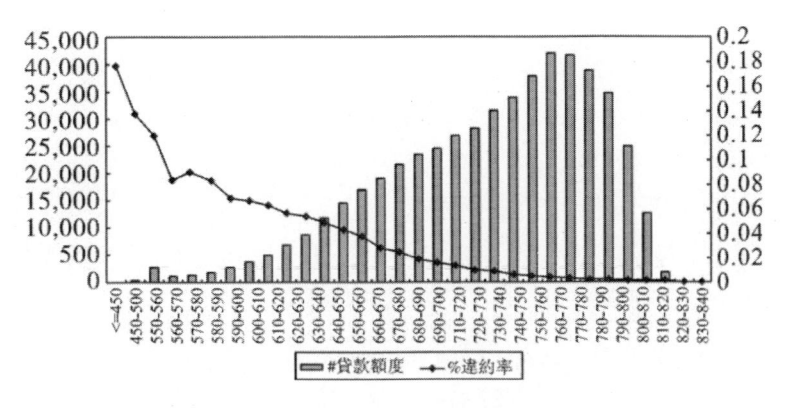

圖 5.1　FICO 評分分值與違約率

5.3.2　小企業信用評分原理

小企業信用評分原理是在消費信用評分的基礎之上發展而來的。

5.3.2.1　小企業信用評分產生的背景

小企業信用評分產生的背景首先是現實的迫切需要。銀行的存貸款利差收窄迫使其尋求各種途徑降低貸款發放和管理過程中的成本、提高效率；其次諸如鄧百氏（Dun & Bradstreet）等諮詢公司累積了大型企業數據庫，這為研究人員提供了所需的數據，並且計算機技術的發展為分析計算提供了支持；再就是來自政府層面的支持以及法規修訂等，如美國小企業管理局（SBA）提供的資金支持，並聯合民間機構推動小企業貸款證券化，1994 年《社區發展和監管改進法案》的出抬，消除了小企業貸款證券化的稅收障礙。

在上述背景下，Fair Isaac、CCN-MDS、TRW、Dun & Bradstreet（D&B）等成功開發了小企業信用評分模型。

5.3.2.2　小企業評分服務 SBSS 模型的開發過程

1995 年 Fair Isaac 與 RMA 首先開發並推廣了小企業評分服務（Small Business Scoring Service，SBSS）模型，從而推動了 SBCS 技術在美國銀行業的發展和應用。如今大多數的信用評分模型仍然使用來自 RMA 成員提供的數據，其是與費埃哲公司合作開發完成的。小企業信用評分模型一般設計為年銷售額低於 500 萬美元的小企業不能申請使用金額超過 25 萬美元的貸款。不過也有些銀行使用 SBCS

審批金額高達 75 萬美元的貸款。

根據業務的需要，可以有四種小企業信用評分系統供選擇（Rowland, 1995）：

第一，預測申請人嚴重拖欠概率的基本模型，建立模型所使用的樣本是包括全部行業的商業信息數據。

第二，特定行業模型。基於特定行業公司數據建立的預測申請人拖欠概率的模型。

第三，基於業主還款行為的預測小企業還款表現概率的模型。

第四，基於與銀行實際借款申請人最相似的樣本所開發的評分模型。

多維線性判別分析一直是多數分析師在信用評分中優先採用的統計分析方法。然而，小企業信用評分中的數據並不能滿足判別分析的假設。所以 RMA 和 Fair Isaac 在開發小企業信用評分系統時，選擇使用了邏輯迴歸（Logistic Regression），其開發過程大致如下（Asch, 1995）：

RMA 的成員銀行提供被認為對於貸款決策重要的關於貸款申請的特徵方面的信息。其樣本來源既包括好的貸款也包括壞的貸款，還有被拒絕的貸款申請。判斷壞的貸款的標準是拖欠達到 60 天及以上；好的貸款的標準是在貸款發放的最初 4 年內，拖欠達 30 天的次數不超過 2 次。

每一個成員銀行提供 300 個帳戶的數據（100 個好的，100 個壞的以及 100 個被拒絕的）；同時還收集到徵信機構提供的關於業主的消費信用報告，以及關於公司本身的商業信用報告。

在建立模型中會使用到 4 類數據：消費信用數據的報告，商業徵信機構報告，根據 RMA 行業規範計算的公司財務比率以及申請書中的數據。

業主個人特徵的加權評分與公司特徵的加權評分合併構成總得分。對於高度線性相關的變量以及對於解釋貸款表現很少的變量將被剔除。

為了提高預測能力，申請樣本根據以下特徵被劃分為子樣本進行細緻分析：①銷售額；②商業類型（公司或者非公司企業）；③地

理位置；④貸款類型（信貸額度或者合同貸款）；⑤產業；⑥對信貸現金的總需求。在對子樣本進行檢驗後發現，基於信貸總需求的兩種計分卡的預測能力最強，對信貸額進行劃分的最佳值是 3.5 萬美元，即貸款金額介於 3.5 萬美元與 25 萬美元之間的信用評分模型和低於 3.5 萬美元的信用評分模型應該分別開發設計。為了保證樣本有足夠的代表性，Fair Isaac 與 RMA 使用了拒絕推斷（Reject Inference，即假設那些被拒絕的貸款申請如果被接受後的表現）技術中的增補法進行研究，其基本假設是被拒絕的貸款申請如果被批准的話，其「好」客戶出現的概率與「壞」客戶出現的概率之比（好壞比，或稱 Odds）與被接受貸款的機率相同。

對於低於 3.5 萬美元的小額貸款申請，可以分為兩種類型：有財務報表數據的和無財務報表數據的。研究者發現應該分別建模進行評估。

起初的權重基於分析師的估計，然后對估計的權重進行調整以符合先驗期望值，並添加常數。最后，創建記分卡，得分越高，信用越好。

5.3.2.3 小企業信用評分模型的基本原理

SBCS 建立在統計學理論基礎之上，運用各種數理統計技術進行數據匯總、變量剔除、分類觀測、模型構建，最后計算得出信用得分，然后以此為基礎來判斷評估對象未來的信用表現。所以，小企業信用評分模型是在消費者信用評分模型的基礎上進行改進而開發出來的。

SBCS 建立模型，需要從商業信用數據庫、貸款申請書、銀行信貸檔案等渠道收集小企業的信息。相對於以往的信用評估方法，SBCS 的重大革新在於將小企業主的信息作為模型構建的重要輸入變量，不僅包括小企業業主的收入支出狀況、家庭財產、負債狀況，最為關鍵的是從消費徵信機構獲取的信用記錄、消費數據等信息，如此實現了軟信息的硬化。

個人消費貸款信用評分法的兩個最基本的假設是：①人過去的表現可以反應其未來的行為；②所有具有相同背景以及行為特點的人，一般有同樣的表現。建立小企業信用評分模型，則是基於兩個

重要的經驗事實：①小企業業主的信用狀況能解釋多數企業的信用表現，從小企業業主個人的有關信用歷史，就可比較準確地預測小企業未來的還款表現；②企業本身的信用信息與企業業主的信用信息的預測能力，與企業的規模大小密切相關，企業的規模越小，企業本身的信用信息預測力越弱，而企業業主的信用信息的預測能力越強（見圖5.2）。這一現象背後的原因，一般認為是由於越是規模小的企業其財務制度越不健全，財務報表也就越不可靠，並且小企業業主的家庭財產與企業財產往往是混在一起的。

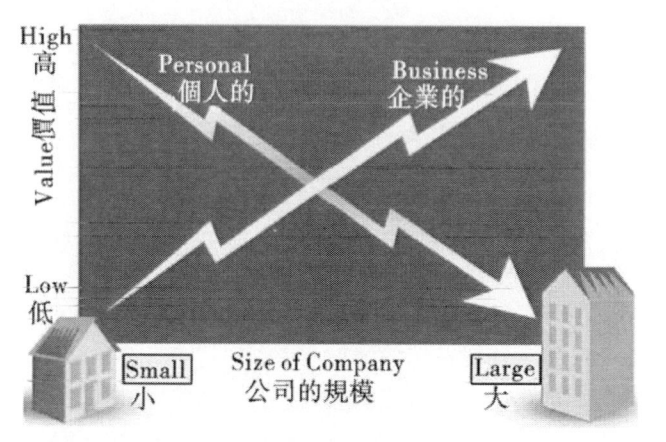

圖5.2　公司規模與不同來源的信用信息的預測價值

5.3.3　信用評分使用的主要建模方法

信用評分的哲學基礎是實用主義和經驗主義，即根據過去的表現建立模型，對具有相同特徵的評價對象未來的信用進行預測。建立信用評分模型的方法主要有（石慶焱和靳雲匯，2003）：統計學方法（主要包括線性迴歸、判別分析、邏輯迴歸等）、運籌學方法（主要是線性規劃方法），或者將幾種方法結合起來使用。在最近幾年，一些新的方法，如神經網路、專家系統、基因算法以及非參數統計中的最近鄰方法均被應用到信用評分模型的開發之中來。

5.3.3.1　判別分析（Discriminate Analysis）法

信用評分本質上是模式識別中的一類分類問題——將評估對象劃分為「好」客戶（即能夠按期還本付息）和「壞」客戶（即違約）

兩類。判別分析，是一種統計判別和分組技術，就一定數量樣本的一個分組變量和相應的其他多元變量的已知信息，確定分組與其他多元變量信息所屬的樣本進行判別分組。最早將判別分析用於信用評分系統的是杜蘭特（1941）。

5.3.3.2 迴歸分析（Regression Analysis）法

（1）線性迴歸方法

線性迴歸在確定兩種或兩種以上變量間相互依賴的定量關係中運用非常廣泛，但是應用於信用評分時存在著明顯的缺陷（石慶焱和靳雲匯，2003），如下式所示：

$$p = w_0 + w_1 x_1 + \cdots + w_n x_n \qquad (5-1)$$

式（5-1）的右邊取值可以從 $-\infty$ 到 $+\infty$，但是等式的左邊是一個概率，其取值範圍只能在（0，1）區間內。

（2）邏輯迴歸

邏輯迴歸與多重線性迴歸實際上有很多相同之處，區別主要就在於因變量不同。邏輯迴歸模型克服了線性迴歸模型的缺陷，其等式兩邊的值均可取任意值。從這一點來看，邏輯迴歸應該比線性迴歸更合適於信用評分。但是 Wiginton（1980）的研究發現：線性迴歸與邏輯迴歸的結果差別並不大。

5.3.3.3 數學規劃（Mathematical Programming）方法

Nath，Jackson 和 Jones（1992）對在信用評分建模中使用線性規劃與統計方法的效果進行了比較，認為統計學方法要比線性規劃方法好。不過絕大部分文獻都認為線性規劃方法與統計學方法的效果相當（Joachimsthaler & Stam，1990）。

當然，在信用評分中，統計學方法的意義更加直觀一些，所以在實踐中其應用要遠比線性規劃方法普遍。

5.3.3.4 人工神經網路方法

人工神經網路（Artificial Neural Networks，簡寫為 ANNs）簡稱為神經網路（NNs）或稱為連接模型（Connection Model），它是一種模仿動物神經網路行為特徵，進行分佈式並行信息處理的算法數學模型。這種網路依靠系統的複雜程度，通過調整內部大量節點之間相互連接的關係，從而達到處理信息的目的。神經網路模型的類型較

多，有代表性的神經網路模型有 BP 神經網路、GMDH 網路、RBF 網路、雙向聯想記憶 BAM、盒中腦（BSB）、Hopfield 模型、Boltzmann 機、自適應共振理論、CPN 模型等。

用來解決信用評分問題的神經網路可以視為一個對線性組合后變量進行非線性變換，然后再循環線性組合、非線性變換的一種方法（石慶焱和靳雲匯，2003）。神經網路能夠很好地處理那些數據結構不太清楚的情況，但其缺點是耗時較長。另外，在分類不當的情況下錯判的比例較高。在近年來興起的利用大數據進行信用評估中，神經網路算法得到較多的應用。

5.4　小企業信用評分成功應用的案例——富國銀行

小企業信用評分法使得大銀行向小企業提供貸款業務的成本大大下降，同時也有助於打破傳統上的地理區位的限制——即便沒有充分瞭解當地商業環境，在小企業信用評分技術的幫助下大銀行也能跨地區發放小企業貸款了。許多小型企業信息透明度低，財務報表型貸款等技術往往無能為力，而小企業信用評分法卻可以較好地解決問題。

20 世紀 90 年代中期，美國富國銀行（Wells Fargo & Company）率先將信用評分法用於自己的小企業貸款業務中。富國銀行於 1852 年誕生於加利福尼亞州，是美國總市值第一、資產規模第四的大型銀行（2013 年一季度的數據）。2012 年，富國銀行全部營業收入的 59.5% 來自零售業務，其中最主要的是向年銷售收入在 2,000 萬美元以下的小型企業提供貸款及金融服務。富國銀行在美國小型企業貸款市場的佔有率達 15%，為全美國第一。富國銀行能在小企業貸款業務上取得如此好的成績，在很大程度上是因為其對小企業信用評分技術的成功應用，充分發揮了其審批快、效率高、成本低的優點，顯著提高了自己的貸款定價與風險管理能力。

在建模方法方面，富國銀行使用的是邏輯迴歸方法，選擇的解釋變量有 20 個左右，可以分為三類：①小企業本身經營狀況的變

量，包括所屬行業、經營年限、成為銀行客戶的年限、存款余額、營業收入、營業場所等；②業主的信用記錄，包括可用信貸額度、信用歷史長度、發生拖欠的次數等變量；③業主的金融資產和負債，包括存款余額、總負債等。

富國銀行利用 SBCS 處理小企業貸款，取得了下述成績：

（1）利用自動化審批降低了成本

富國銀行的信貸成本近年來持續低於同行業平均水平。根據富國銀行設定的規則，有三分之二的貸款申請審批是根據評分自動完成；由信貸員人工審核的貸款申請只有三分之一，這些貸款申請的評分結果在分數線（Cut Line）左右的灰色區域。富國銀行每年利用計算機系統全自動地處理大約 200 萬筆小企業貸款申請，大大提高了效率並節約了昂貴的人力成本，有效地降低了總費用——所有處理小企業貸款的費用只占貸款組合余額的 1%，平均每筆貸款的費用為幾十美元。與之形成對比的是，社區銀行使用傳統方法處理貸款申請的成本平均每筆超過 1,000 美元。

（2）有效地降低了風險

富國銀行在小型企業貸款管理的全過程中利用信用評分進行風險管理（見圖 5.3），有效提高了小企業貸款的質量。即使是 2008 年全球金融危機爆發后的兩年內，富國銀行都保持了較低的不良貸款比例，低於同行業的平均水平。

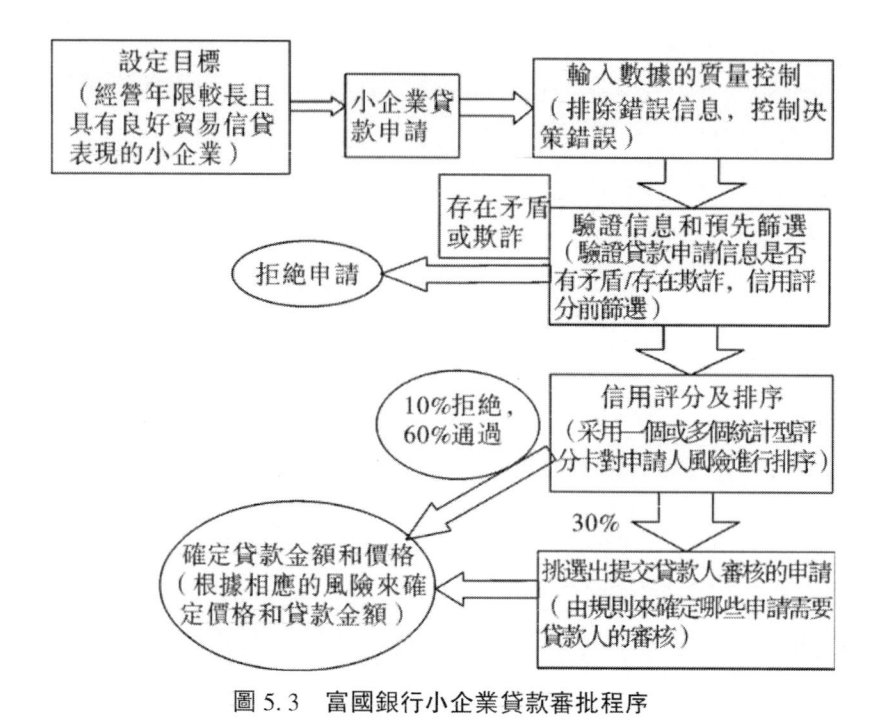

图 5.3　富國銀行小企業貸款審批程序

5.5　小企業信用評分技術的優勢與局限性

5.5.1　小企業信用評分技術的優勢

小企業信用評分技術出現后不久就表現出以下優勢（Barefoot, 1996）：

第一，成本低。由於應用信用評分法后可以利用計算機系統自動化的批量處理進行貸款審批，能大量節約昂貴的人工成本，這可以降低銀行從事貸款業務的成本。

第二，提高精確性。隨著實踐的進行，數據的累積，信用評分系統得到不斷改進，其對貸款表現預測的精確性也不斷提高。

第三，改進貸款產品。信用評分技術使得銀行可以改進貸款產品的設計以更好地滿足市場需要。

5.5.2 小企業信用評分技術的局限性

當然，小企業信用評分技術出現的時間還不長，在實踐中也存在一定的局限性：

（1）可能影響部分企業的信貸可得性

一些企業、業主可能缺乏信用記錄，尤其是定量化的信用記錄，使用信用評分法的銀行可能會不再注意它們，因而可能減少這些企業的信貸可得性。如果沒有完備的個人徵信體系，小企業信用評分法就難以在銀行業應用。即使美國擁有世界上最發達的徵信體系，三大消費徵信機構能覆蓋很高比例的人口，但仍然有相當比例的成年人（大約為15%）沒有信用記錄。

（2）隱私問題

一些信用評分系統以及其收集的消費者信用數據庫可能涉及隱私問題。儘管對信用評分技術存在種種疑問，研究表明多數消費者、小業主以及銀行確實願意使用信用評分系統。消費者願意使用信用評分系統的理由包括：①申請程序簡單；②等待時間短，汽車貸款、住房抵押貸款等消費信貸的審批時間可以縮短至 30 分鐘；③要求的信息少；④需要貸款時容易得到滿足。美國全國獨立商業聯合會的首席經濟學家 William C. Dunkelberg 說道：「由於信用評分系統能夠加速貸款審批進度以及降低小額貸款成本，小業主們——尤其是那些初創企業的業主們更容易獲得貸款了，他們現在不必再在信貸員辦公桌前卑躬屈膝了。」（Singletary, 1995）

對於銀行而言，願意使用信用評分系統的理由有：①降低審批成本；②能提供統一的、標準化的評估結論，可以減少因技術水平和經驗程度差異造成的判斷失誤，提高貸款決策的準確率；③由於重複性的交易而提高銀行的交易效率（Pomcki, 1996）。

5.6 小企業信用評分法與小企業信用可得性

作為一種新的貸款技術，SBCS 出現后不久就對小企業融資產生

了重大影響。基於 1998 年亞特蘭大聯邦儲備銀行對美國最大 200 家銀行的調查數據，從不同維度度量信貸可得性的研究結果均顯示，採用 SBCS 能夠顯著增加小企業信貸的可獲得性：①引入使用 SBCS 后使得小企業獲得的貸款數量顯著增加（Frame & Srinivasan & Woosley，2001；Berger & Frame & Miller，2005）；②銀行使用 SBCS 后，透明度較差、風險相對較高的小企業通過支付較高的價格獲得了信貸支持（Berger & Frame & Miller，2005）；③SBCS 的應用，使得大銀行對中低收入地區發放的小企業貸款的增量是對高收入地區貸款增長的 2.5 倍，主要原因是 SBCS 減少了貸款人和低收入地區借款人之間的信息不對稱（Frame & Padhi & Woosley，2004）；④引入使用 SBCS 后，小企業貸款的期限明顯延長（Berger & Espinosa & Frame & Miller，2005）。

Frame，Srinivasan 和 Woosley（2001）最早發現，使用 SBCS 與金額 10 萬美元以下貸款數量顯著增加之間存在直接關係，這一結論即使在考慮了銀行的其他組織特徵，如總規模、組織結構以及最近的合併等以后仍然成立。

Berger，Frame 和 Miller（2005）進一步加深了此問題上的對貸款數量的分析：①檢驗 10 萬~25 萬美元之間的貸款；②在更長的時間區間（1995—1997）進行檢驗；③分別分析了個別銀行與銀行產業的學習曲線效應；④研究了該技術的不同使用方法對產出的影響。對於 10 萬美元以下的貸款，他們的分析結果顯示，使用 SBCS 顯著增加了小企業整體獲得的貸款數量。但是，對於具體的某一銀行機構而言，其與銀行採用 SBCS 的時間和方式有關。

小企業獲得貸款數量的增加（包括其他信貸可得性增加效應）通常在銀行採用 SBCS 一段時間以后才會出現。並且信貸可得性增長主要集中在「規則式」銀行（Rules Banks），而較少出現在「謹慎式」銀行（Discretion Banks）。所謂「規則式」銀行，是指銀行從外部購買小企業信用評分模型並用於制定貸款條款和自動的貸款批准或拒絕決策，它們完全依靠信用評分模型確定輸入變量和權重，信貸人員較少發揮作用。而所謂「謹慎式」銀行，是指銀行自主開發評分模型並和其他貸款技術一起使用來進行貸款決策，它們通過自

主判斷確定輸入變量和權重，且信貸人員在貸款審批環節和合同條款制定中會更加謹慎。上述結果表明，採用 SBCS 增加小企業的信貸可得性，可能主要來自成本節約而不是信息不透明程度的降低。「規則式」銀行採用 SBCS 即使加重了信息不透明問題，但是其帶來的成本節約仍然是有利可圖的。

5.7　小結

小企業信用評分技術出現后，使得大型銀行可以利用其向一部分信息不透明的小企業發放貸款，從而顯著改變了小企業貸款業務的現狀。然而小企業信用評分技術本身受到信貸基礎設施（尤其是信息分享機制）發展水平的制約，應用範圍還有限，因而對小銀行優勢論的衝擊也有限。

近年來，電子商務、社交網路等產業的高速發展增加了新的信用信息的來源，改變了信息分享機制的格局；同時搜索引擎、機器學習等人工智能技術取得重大進步，小企業信用評分技術與它們相結合，已經開始並將繼續突破前述約束。

6　電子商務的發展與企業透明度

在對小企業信貸可得性的分析框架中，信息分享機制對於貸款技術的有效性具有關鍵性的影響。傳統的信息分享機制中，關鍵的組織機構是各種信息仲介，如消費徵信機構和信用評級機構等專門從事信息收集與分享的組織；關鍵的制度是會計準則和審計制度。但是，從支持銀行使用小企業信用評分技術的角度看，上述信息分享機制僅在如美國這樣的發達國家比較有效（當然也存在相當多的問題和局限性）。

近年來電子商務飛速發展，促使很多產業業態發生了顛覆式的變化。隨著企業越來越多地通過電子商務平臺開展業務，電子商務平臺服務項目的日益多樣化、綜合化，越來越多的企業信息匯集到了電子商務平臺，形成了一個新的信用信息來源，能顯著提高企業尤其是小企業的信息透明度。

6.1　我國電子商務發展概況

6.1.1　電子商務的涵義

電子商務（E-commerce）的起源一般認為是 1995 年網景公司進行的一次網上拍賣。現如今，電子商務已經對很多傳統產業產生了顛覆式的影響（如唱片、書店等），並正在引起一些產業業態發生革命（如出租車行業）。如今電子商務的形態或者說模式已經非常複雜。從價值鏈的角度可以將電子商務分為 11 種模式：電子商店、電子採購、電子購物中心、電子拍賣、虛擬社區、協作平臺、第三方

交易場所、價值鏈集成、價值鏈服務、信息仲介和信用服務（Paul Timmers, 1999）。簡單來說，可以將電子商務定義為是利用 Internet（互聯網）進行的商務交易，即在企業與企業間（B2B）、在個人與個人間（C2C），以及在企業與個人間（B2C）進行數字化的商務交易（Laudon, 2003）。

6.1.2 我國電子商務發展概況

我國電子商務發展迅速，目前已經居於世界前列。根據工業與信息化部公布的數據，2013 年我國電子商務交易規模大約為 10 萬億元，比上一年增加 25%。艾瑞諮詢發布的報告顯示，2014 年我國電子商務市場交易規模達到 12.3 萬億元，同比增長 21.3%；其中，B2B 電子商務市場占比超七成，網路購物占比超兩成；中小企業 B2B 電子商務占比一半，中小企業 B2B 電商市場營收增長超三成；網路購物增長 48.7%，網路購物交易規模市場份額達到 22.9%，比 2013 年提升 4.2 個百分點。

如果單從網路零售規模來看，2013 年我國就已經超過美國成為世界第一。從兩國可以對比的購物節來看，2015 年美國最大的 20 家電子商務平臺在「黑色星期五」的交易金額不及我國天貓商城一家在「雙 11」當天的交易金額的 20%（見表 6.1）。

表 6.1　　天貓「雙 11」銷售金額增長情況

年度	2009	2010	2011	2012	2013	2014	2015
銷售金額（億元）	0.52	9.36	52	191	362	571.12	912.17
增長率	-	1,700.0%	455.6%	267.3%	89.5%	57.8%	59.7%

資料來源：根據新聞報導整理

我國電子商務高速發展，原因有如下四個（來有為、李廣乾、石光，2015）：

第一，在我國，無論是消費者還是企業，大家對互聯網的接受度都很高，傳統企業也紛紛主動大規模地進入電子商務領域。

第二，我國人口眾多，網路購物規模高速增長，使得規模效應得到充分發揮。

第三，我國電子商務行業的創新能力強，包括技術創新、商業

模式創新等。

第四，我國電子商務發展的環境不斷優化，既包括法律法規等軟環境的不斷改善，也包括移動通信、互聯網和物流等基礎設施的不斷完善。

6.2 電子商務平臺及其經營模式

如圖6.1所示，電子商務平臺是電子商務服務商提供服務的主要載體，是以互聯網為基礎，供企業、個人等交流、交易的虛擬場所，是協調、整合信息流、資金流、物流的重要場所。

電子商務平臺可以分為三類模式：

仲介模式。仲介模式的典型代表是阿里巴巴集團，其營運的電子商務平臺提供第三方服務，自身不直接在平臺上售賣商品。阿里巴巴電子商務平臺提供的服務包括企業間電子商務（B2B）、個人對個人（C2C，淘寶網）和企業對個人電子商務（B2C，天貓商城）。阿里巴巴還擁有支付寶這一第三方支付工具，利用其為廣大商家和客戶提供支付結算服務。阿里巴巴的收入來源主要是向平臺上的商家收取佣金、服務費等。

商城模式。商城模式的典型代表是京東商城，其利用自身網路平臺，代理各類商品進行銷售，同時也接受其他商戶入駐。京東商城的特點是自建物流配送體系，從而可以對貨物的質量和物流進行控制。

自營模式。自營模式是擁有自有產品的商家自建網路銷售平臺，向特定消費者銷售特定的產品。

此外，近年來廣東、浙江和福建等省還出現了專門從事某些種類商品交易的第三方電子商務平臺，如鋼鐵、石化、糧食以及電子產品交易。

中小企業出於成本、效率的考慮，一般不會自建電子商務平臺，而是在阿里巴巴和京東這樣的平臺上經營。

圖 6.1　電子商務流程圖

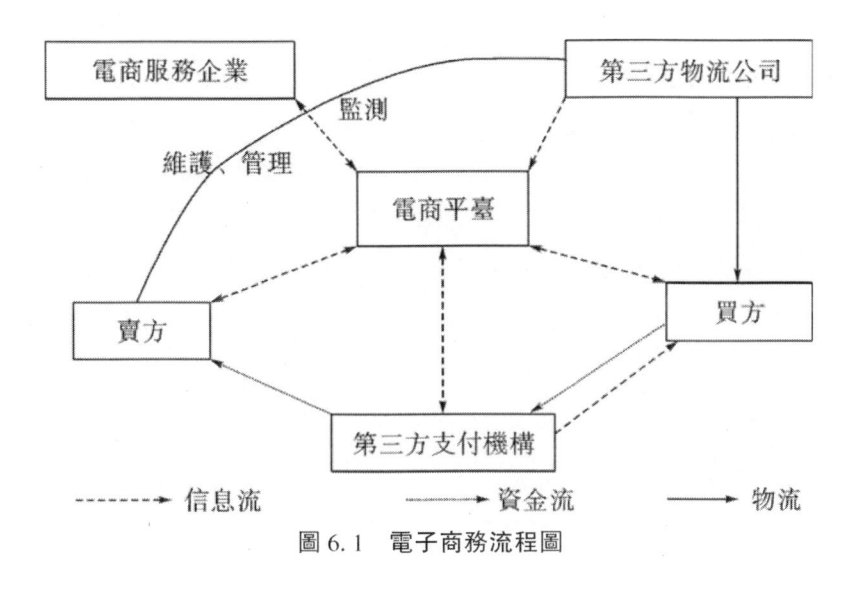

6.3　電子商務平臺中記錄的信用信息

　　電子商務平臺是與傳統交易市場有著重大區別的網上交易市場，不僅能降低交易成本、提高效率，並且上面所有的交易、活動都有記錄或者痕跡，包括物流、資金流等重要信息都在這個平臺上匯集，具有很高的信用價值。正因如此，電子商務平臺企業已經開始致力於開發自己所掌握的這一重要的數據資源；而傳統銀行在發現掌握這些數據的戰略意義之後，也紛紛開始搭建自己的電子商務平臺。

6.3.1　利用電子商務平臺收集信用信息的實踐概況

　　由於掌握了海量的客戶經營數據，阿里巴巴也就掌握了客戶的資信狀況。阿里小貸公司利用阿里巴巴集團所屬電子商務平臺，如天貓、淘寶以及支付寶所記錄的企業數據，包括信用記錄、交易情況及投訴糾紛等，通過建立模型評估企業的信用水平，並以之作為發放貸款的標準。阿里小貸自 2012 年 8 月起全面向普通會員開放，提供無抵押、無擔保的信用貸款。截至 2013 年 6 月，有超過 32 萬客戶獲得貸款，總額超過 1,000 億元。2012 年 11 月京東商城也利用自

己掌握的客戶數據推出「供應鏈金融」服務；2012年12月，蘇寧小貸公司正式成立，為蘇寧電器及蘇寧易購的線上線下融合發展提供金融支持。

在此形勢下，銀行也開始建立自己的電子商務平臺。中國建設銀行在2012年6月建立了自己的電子商務平臺善融商務，提供B2B和B2C客戶操作模式，業務範圍包括電子商務服務、金融服務、營運管理服務、企業社區服務以及企業和個人商城。交通銀行隨后也建立了自己的電子商務平臺交博匯。在為客戶提供增值服務的同時獲得客戶的動態經營數據，為開展信貸業務提供信息支持已經成為銀行搭建電子商務平臺的重要驅動力。

6.3.2 電子商務平臺記錄的信用信息

電子商務具有信息公開、透明和交易記錄有痕跡等特點，最為重要的是信用數據的涵蓋面廣，信用價值高。

從「5C」信用評估需收集的信息來看，電子商務平臺可以利用自己的便利條件，運用相關技術比較方便地收集完全。

(1) 關於企業及業主的信息

在電子商務平臺經營的企業需要登記基本信息，包括名稱、註冊地、住所、網上交易年限、經營範圍和投資領域等，然后其各種經營活動以及變更等都會被記錄下來。經營者的個人信息同樣會被記錄下來，包括姓名、年齡、性別等。上述信息有一定的信用價值，傳統的消費徵信機構和商業徵信機構也會登記或者記錄。

不過，信用評估中非常關鍵的信息——人品——從上述記錄中還較難獲取。但是電子商務平臺記錄了企業或者經營者被投訴的情況、對糾紛的處理情況，以及買賣雙方的評價等信息，這些信息對評估經營者的人品具有重要意義。

(2) 能力

償還本金與利息的能力，可以從不同角度進行評估。根據財務實踐尤其是近二十年的實踐，最具有預測能力的應該是企業的現金流量情況，其次是企業的盈利情況。

電子商務平臺尤其是提供支付結算服務的電子商務平臺可以準

確地收集到在上面經營的企業的現金流的詳盡情況，與企業編製的現金流量表相比，不僅可靠，而且時效更強、內容更詳盡。

電子商務平臺可以準確獲取在其平臺上開展經營活動的企業的交易量、交易額、進貨成本、產品售價以及產品類型等信息，可以據此判斷企業的盈利能力。而傳統的利潤表通過提供總括的收入、成本和費用情況來反應企業的盈利能力，常常存在模糊以及會計操縱問題。

電子商務平臺還可以收集到一些從側面反應企業經營狀況以及經營者的信心等方面的信息，如通過企業在線上的活躍度（在線時間，訪問量），對網站的投入情況等。

傳統的關係型貸款中，信貸員會通過一些側面途徑（如社區、供應商和顧客等）瞭解企業的經營狀態，但是一般會存在片面的問題或者（時間）成本高昂等問題，其效率和準確性均不如電子商務平臺。

（3）資本

比較全面地反應一家企業的財務實力和財務狀況需要總資產以及資產結構等數據，電子商務平臺一般不能獲取直接的資產數據，但是可以根據現金流、物流和訂單等數據推算出企業的流動資產。

與資產負債表相比，電子商務平臺所獲數據不夠全面，但優勢是準確性和可靠性強。對於如商貿、IT等固定資產占比不高的行業而言，信用評估流動資產更為重要。對於非長期償債能力的評估一般也不需要固定資產數據。

（4）抵押

電子商務平臺能夠獲取可信度高的關於企業的訂單、倉單等信息，以及關於應收帳款債務人的相關信息。從而使這些流動資產也可以作為抵押品。近年來，我國出現了基於電子商務平臺的供應鏈金融，其發放貸款所依據的信用信息主要就來自於電子商務平臺。

傳統的貸款評估中，抵押品的價值信息一般需要由額外的評估機構提供，企業財務報表數據只有非常有限的參考價值，並且出於技術等方面的原因，抵押品主要局限於房地產以及機器設備等固定資產，而存貨等流動資產難以成為抵押品。

(5) 條件

對於可能影響借款人付款能力的經濟環境情況或者某一地區的特殊情況，如宏觀經濟形勢等，大型電子商務平臺具有自己的渠道和優勢，可對在平臺上經營的全部企業的經濟活動進行總體統計，掌握其發展趨勢。由於是第一手資料，不僅真實可靠而且及時，這是其他傳統媒體無法比擬的。早在2008年全球金融危機前夕，阿里巴巴集團根據其外貿平臺上的數據，發現來自國外的買家詢盤數出現劇烈下降。海關是賣了貨出去以後再獲得出口數據，所以阿里巴巴集團比海關提前半年從詢盤數據推斷出世界貿易將發生重大變化。

6.3.3 對財務報表信息的替代能力

財務報表型貸款的關鍵信息來自企業的財務報表，說明只要財務報表項目的數據是可靠的，就可以用來推斷企業償債能力。傳統的財務報表型貸款不適用於小企業的原因在於其報表數據的不可信。而電子商務平臺能夠獲取可靠的關於企業經營情況的數據，如果這些數據提供的信息能夠與財務報表提供的信息等價，那麼相似的貸款技術，如財務報表型貸款中的基於一些財務比率指標進行的財務能力分析方法，也可以利用電子商務平臺提供的數據進行——即向小企業貸款也可以使用財務報表貸款技術，只是相關數據來自電子商務平臺。

財務報表是企業根據財務標準或準則（如GAAP）編製的，向股東（如股票投資者）、高層管理者（CEO）、政府（如稅務部門）或債權人（如銀行）提供或報告公司在一段時期以來的有關經營和財務信息的正式文件，主要包括：資產負債表、損益表和現金流量表。其中資產負債表反應的是公司在某一個特定時間點，通常是某日（如年末、半年末、季度末、月末等）的全部資產、負債和所有者權益的狀況，從而反應公司的投資的資產價值情況（資產方）和投資回報的索取權價值（負債和所有者權益方）。資產負債表能夠提供的信息包括資產規模、資產結構、資本結構、資產流動性和負債結構（見表6.2）。利潤表（又稱為損益表）反應公司在一段時期內，通常是一年、半年、一個季度或一個月內，使用資產從事經營活動所產生的淨利潤或淨虧損；能夠提供的信息包括利潤總額與淨

利潤、營業收入與利潤、成本費用的數額與構成、投資收益和營業外收支等（見表6.3）。現金流量表按照收付實現制編製，能提供的信息包括現金流入量、現金流出量、淨現金流量和現金流量的構成（包括經營活動產生的現金流量、投資活動產生的現金流量和融資活動產生的現金流量）；其項目構成見表6.4。

表6.2　　　　　　　　　資產負債表的主要項目

資產	期初餘額	期末餘額	負債	期初餘額	期末餘額
流動資產			流動負債		
現金			短期借款		
應收票據			應付帳款		
應收帳款			短期應付債券		
存貨			一年內到期的長期負債		
非流動資產			應付費用		
金融資產			非流動負債		
無形資產			長期借款		
固定資產			長期債券		
			所有者權益		
總資產			負債+所有者權益		

對於企業的償債能力分析分為短期償債能力分析和長期償債能力分析。兩者採用的財務比率指標不同，並且在實踐中，對於長期貸款的審批常常還須結合對企業的盈利能力、成長能力以及營運能力進行分析，相關的比率指標的定義和用途見表6.5。從財務報表項目和財務報表分析所使用的計算指標來看，利用電子商務平臺能收集絕大部分數據；所欠缺的是關於固定資產的總計等數據，這些指標在傳統的長期償債能力分析中會使用到。不過這並不會對基於電子商務平臺數據進行償債能力分析造成較大影響，因為：第一，中小企業貸款主要是短期借款；第二，如果必要的話，可以從企業處獲得固定資產的數據，而這些數據的審計難度小、成本低；第三，多數中小企業本身資產中固定資產的比重不大。

所以，基於電子商務平臺獲取財務數據，再使用財務比率分析

技術發放貸款是完全可行的。從電子商務平臺獲取數據替代財務報表，其根本的優勢在於數據的準確性以及可以累積大樣本來總結規律；其不足之處在於缺少部分總計數據。其不足之處是可以通過一些方式彌補的，並且隨著電子商務的進一步發展，會日臻完善。在實踐中，很多電商平臺服務商旗下的金融機構已經成功地開發出了基於電子商務平臺數據編製企業財務報表的方法。

表 6.3　　　　　　　　　　利潤表項目

	本期金額	上期金額
一、營業收入		
減：營業成本		
營業稅金及附加		
銷售費用		
管理費用		
財務費用		
資產減值損失		
加：公允價值變動收益		
投資收益		
二、營業利潤		
加：營業外收入		
減：營業外支出		
其中：非流動資產處置損失		
三、利潤總額		
減：所得稅		
四、淨利潤		

表 6.4　　　　　　　　現金流量表項目

項目	金額
一、經營活動產生的現金流量	
經營活動現金流入	
經營活動現金流出	
經營活動產生的現金流量淨額	
二、投資活動產生的現金流量	
投資活動現金流入	
投資活動現金流出	
投資活動產生的現金流量淨額	
三、籌資活動產生的現金流量	
融資活動現金流入	
融資活動現金流出	
籌資活動產生的現金流量淨額	
四、匯率變動對現金的影響	
五、現金及現金等價物淨增加額	

表 6.5　財務報表分析中常用比率指標

類別	指標	定義	用途
流動性	流動比率	流動資產/流動負債	評價企業以短期可變現資產支付短期負債的能力
	速動比率	（流動資產－存貨）/流動負債	評價企業快速變現資產支付短期負債的能力
	應收款期	期末應收款/每日賒銷額	評價應收款——回款所需天數（分子可使用銷售收入）
	日銷售變現期	（現金＋存貨）/每日賒銷額	賒銷額轉化為現金的天數，評價企業應收款和現金管理效率
盈利能力	ROE	淨利潤/權益股東資本	評價企業使用股東資本的效益
	資產收益率	淨利潤/有形總資產	評價企業每年使用一元總資本的盈利能力
	投入資本收益率	EBIT/（現金＋WCR＋固定資產淨值）	評價企業所投入資本的盈利能力
	主營業務利潤率	主營淨利潤/主營收入	每一元銷售帶來的淨利潤，評價企業銷售收入中的盈利比例
	毛利率	毛利/銷售收入	評價產品銷售的獲利能力
負債能力	負債權益比	總負債/權益資本	評價企業權益資本與負債資本的關係——總體償債能力
	負債資產比	總負債/總資產	評價企業的總負債在總資本中的比例
	償債倍數	EBIT/[利息＋到期債務/(1－T)]	評價企業使用息稅前利潤償還利息和到期債務的保障程度
	利息保障倍數	EBIT/利息費用	評價企業使用息稅前利潤支付利息的程度
資產週轉	總資產週轉率	銷售收入/有形總資產	評價企業一段時期（年）內總資產帶來銷售收入的次數
	應收賬款週轉率	賒銷收入/平均淨應收賬款	評價企業一段時期（年）內應收賬款回收次數
	存貨週轉率	銷售收入/平均存貨	評價企業一段時期（年）內存貨轉化為銷售的次數
現金情況	經營現金成本比	ONCF/經營現金成本（不含折舊）	評價經營現金與經營成本之間的關係；現金是否滿足經營所需
	現金負債比	總經營現金/到期負債	評價企業現金是否足夠償還到期債務（也可認為是負債能力）

註釋：EBIT 指息稅前利潤；T 指所得稅率；ONCF 為經營淨現金流量

6.3.4 電子商務平臺所記錄信用信息的缺陷

從信用評估的需求來看，企業規模越小，其經營者的人品對於信用水平的重要性越大。在第三方電子商務平臺經營的企業，其規模一般都不大，所以收集其經營者的人品信息就非常重要。

但是人品等信息具有非常強烈的人格化特徵，其主要存在於人際關係之中。傳統的關係型貸款中信貸員通過與企業業主的直接交往和從與其有聯繫的人員處間接瞭解並收集到關於業主的人品信息。第三方電子商務平臺記錄的企業的交易信息和用戶評價能在一定程度上反應業主的人品，但是相對於評價的要求而言可能還不足。比如，信用評價不僅僅要瞭解客戶為人是否誠實，還需要瞭解其能力（在壓力下的反應、工作是否努力、是否有創造力以及人際交往能力等）。而目前想從電子商務平臺上收集這些信息還存在一定的難度。

6.4 基於電子商務平臺的融資

產生中小企業融資難問題的根本原因在於銀行和企業之間存在信息不對稱。由於電子商務平臺累積了海量的信用信息，實踐中自然會產生利用其為中小企業進行貸款的模式。在我國出現較早、發展也比較快的是所謂的基於電子商務平臺的供應鏈金融。一些研究者還根據已有情況設想了比較全面的基於電子商務平臺的融資模式。

傳統的供應鏈金融（Supply Chain Finance）指銀行圍繞供應鏈中的核心企業把握上下游的中小企業的資金流和物流情況，把單個企業的風險轉變為供應鏈企業整體的風險，全方位地獲取各類信息作為貸款決策的依據。傳統的供應鏈金融模式分為預付帳款融資模式、應收帳款融資模式、訂單融資模式和動產質押融資模式。在供應鏈融資中，銀行跳出單個企業的局限，從產業供應鏈的全局出發，面向所有的企業統籌進行融資安排，將鏈上的中小企業與核心企業的資信捆綁。供應鏈金融一方面有效擴大了中小企業的融資能力，另一方面拓展了銀行的業務範圍，造成雙贏的局面。所以 2007 年後，

銀行界高度重視供應鏈金融，這種新型的銀行融資產品在我國得到了廣泛應用。

開展供應鏈金融，電子商務平臺具有自己的獨特優勢。電子商務平臺連結整條供應鏈上各個參與主體，對行業的供應鏈有深刻認識，更為關鍵的是能夠有效記錄整個供應鏈上各主體的交易信息，並可即時跟蹤業務開展情況，同時掌握產品市場的變化態勢（屠建平，2013）。

正因這個原因，加之我國電子商務的迅猛發展，我國近年來出現了很多基於電子商務平臺開展供應鏈金融的企業。基於電子商務平臺開展融資，還有一個區別於傳統的地方是，雖然電子商務平臺的企業參與供應鏈金融業務扮演的最重要的角色是信用評價，但是與銀行的合作中可能存在一些矛盾，所以在我國出現了電子商務平臺服務商自建小額貸款公司參與融資過程的現象。

目前，我國實踐中出現的互聯網+供應鏈金融的幾個模式如下：

阿里京東模式。電子商務平臺服務商自建小貸公司，主要利用平臺上的交易記錄進行風險測評，確定信用額度，進而發放貸款。電子商務平臺可以從上下游供應商那裡賺取利息。在整個交易模式中，電子商務平臺公司是整個交易流程中的核心，除了掌握著數據，還牢牢把控著整個供應鏈中的企業。大力發展「商旅金融」的騰邦國際，向下游中小機票代理商發放貸款的模式，可算是此模式的一種變異。

行業資訊門戶網站模式。如上海鋼聯利用其鋼鐵行業門戶網站的優勢做電商平臺，並將業務拓展至為平臺上的商戶提供融資服務。生意寶，也可算是這類型的供應鏈金融模式。三六五網原本是房產門戶網站，其近年來開發出貸款產品——安家貸，利用其網站用戶資源來開展業務，也屬於這一互聯網供應鏈金融模式。

軟件公司模式。企業運行管理需要的 ERP 或各類數據軟件公司，目前也開始參與供應鏈金融。如上市公司用友網路，是國內 ERP 管理系統的供應商。數千家使用其 ERP 系統的中小微企業，都是其供應鏈金融業務平臺上的成員。

6.5 基於電商平臺數據開創的螞蟻金融服務的業務版圖

2014年10月16日,阿里小微金融服務集團以螞蟻金融服務集團的名義正式成立。螞蟻金融服務集團旗下品牌有:支付寶、芝麻信用、螞蟻小貸、余額寶、招財寶等。其業務可以分為外層、內層和核心。外層業務可以分為四大板塊,包括支付業務、理財業務、融資業務和國際業務;直接支持這四塊外層業務的基礎是處於內層的徵信業務;而核心層雲計算和大數據是所有業務的基礎(見圖6.2)。正是通過阿里巴巴集團的電子商務平臺業務(包括支付業務)掌握了具有決定意義的海量的客戶信用數據,螞蟻金融服務才能構建出這樣一個宏偉的金融業務版圖。

以下段落是對螞蟻金融服務關於螞蟻小貸介紹的摘編,從中可以看出電子商務平臺記錄的交易數據對於新型貸款(信用評估)技術的意義:

螞蟻小貸為小微企業和網商個人創業者提供互聯網化、批量化、數據化的小額貸款服務,致力於幫助小微企業解決融資難題,用信用創造財富,其前身為阿里小貸。通過依託網路和數據的小貸技術創新,尤其是基於電子商務平臺上海量的客戶信用數據及行為數據,實現向小微企業群體批量發放「金額小、期限短、隨借隨還」的純信用小額貸款。發展至今,螞蟻小貸已相繼開發出阿里信用貸款、網商貸、淘寶(天貓)信用貸款、淘寶(天貓)訂單貸款等小貸產品。截至2014年3月,螞蟻小貸已經累計為超過70萬家小微企業解決融資需求,累計投放貸款超過1,900億元。目前,螞蟻小貸正逐步將其互聯網信貸技術、大數據能力分享給更多的社會機構,以吸引、推動更多資源共同服務小微企業群體。

圖 6.2　螞蟻金服業務板塊圖

資料來源：螞蟻金融服務集團媒體中心. 解構螞蟻金服：看看中國真正的互聯網金融 [EB/OL]．[2015-07-03] http://media.antgroup.com/article/detail/19.

6.6　小結：電子商務提升企業透明度的意義

　　電子商務可以提升企業的透明度，並擴大其可抵押資產的範圍，這對於企業融資活動將產生意義深遠的影響。銀行與電子商務平臺合作的新型貸款模式對於中小企業融資問題具有以下意義（趙岳和譚之博，2012）：①考察範圍納入了企業的聲譽和信用資本，突破了以往僅考察企業自有可抵押實物資產的局限，為甄別企業類別提供了新渠道。②有利於優勢劣汰。電子商務平臺的風險管控機制提高了違約企業的信譽成本，故風險高的企業將不願採用此種方式融資；這恰好給資質良好、違約概率低的優質企業提供了機會。③電子商務平臺具有規模經濟的特性。隨著採用新型融資模式的企業數目的增加，其成本優勢和信息優勢會更加明顯。隨著這一創新融資模式的廣泛使用，電子商務平臺將會在中小企業融資中發揮越來越重要的作用。

　　隨著電子商務的發展、企業的透明度的提升，銀行越來越容易採用基於硬信息的貸款技術；越來越多的中小企業願意採用新型的基於電子商務的貸款模式。這對小銀行優勢假說形成了如下衝擊：

首先，加入電子商務平臺的小企業的透明度上升，不再依賴於軟信息，這衝擊了小銀行優勢假說的前提條件；其次，這樣的小企業越來越多，小銀行優勢假說適用的範圍也就不斷縮小。

7 大數據徵信技術發展帶來的衝擊

大數據徵信是近年來出現的新型徵信技術。就其原理和實踐來看，大數據徵信技術的發展將對小企業貸款業務產生重大影響，對小銀行優勢假說成立的前提形成強烈衝擊。

7.1 大數據及其意義

大數據的發展對經濟社會具有巨大的影響，數據密集的徵信更是會受到直接的衝擊，銀行對中小企業的貸款業務將因此產生重大變化。

7.1.1 大數據概述

大數據（Big Data）本是 IT（Information Technology，信息技術）行業術語，指無法在可承受的時間內使用常規軟件捕捉、管理和處理的數據集合，故又稱為巨量數據集合。想要有效地處理海量的數據則需要特殊的技術，如大規模並行處理（MPP）數據庫、數據挖掘電網、分佈式文件系統、分佈式數據庫、雲計算平臺、互聯網和可擴展的存儲系統等。著名的諮詢公司麥肯錫全球研究所對大數據的定義是：「一種規模大到在獲取、存儲、管理、分析方面大大超出了傳統數據庫軟件工具能力範圍的數據集合，具有海量的數據規模、快速的數據流轉、多樣的數據類型和價值密度低四大特徵。」數據量大雖然是大數據的一個基本特徵，但是其關鍵意義還不在此。一些領域在大數據概念提出前就需要處理海量數

據，比如高能物理研究中需要分析處理高能粒子碰撞試驗數據。維克托‧邁爾-舍恩伯格和肯尼斯‧庫克耶在《大數據時代》中所談論的大數據是指不用抽樣調查而採用所有數據進行分析處理的方法。大數據的關鍵在於對這些含有意義的數據進行專業化處理，需要在分析處理的方法（比如算法）上創新以實現突破，獲得相關規律等有意義的信息為決策服務。如今大數據「正快速發展為對數量巨大、來源分散、格式多樣的數據進行採集、存儲和關聯分析，從中發現新知識、創造新價值、提升新能力的新一代信息技術和服務業態」。

對於大數據的特點，廣為接受的是4V，即：

規模大（Volume）。大數據技術需要收集、處理的是海量的數據。當今世界已經進入信息時代，每天都在產生巨量的數據。有統計表明，互聯網一天產生的全部內容可以製作1.68億張DVD，一天發出2,940億封郵件以及200萬個帖子。今天的社交網路、電子商務、物聯網與移動通信把人類帶入了一個以「PB」為單位（衡量數據的單位，等於1048576GB）的時代。在這個時代人人都是數據製造者，短信、微博、照片、視頻都是其數據產品；數據還來自無數自動化傳感器、自動記錄設施、生產監測、環境監測、交通監測、安防監測等；還來自自動流程記錄，刷卡機、收款機、電子不停車收費系統、互聯網點擊、電話撥號等設施。大數據技術需要從這些海量數據中收集、整理出滿足特定需求的內容並加以分析（如圖7.1所示），進而為決策服務。

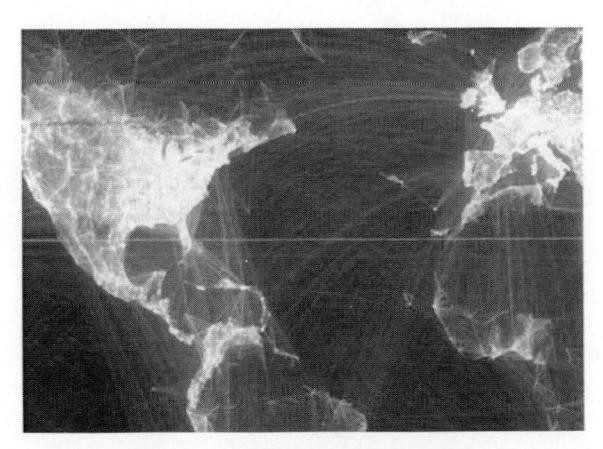

圖7.1　大西洋兩岸的空中航線

多樣（Variety）。大數據的來源多、格式多。大數據時代，數據格式變得越來越多樣，涵蓋了文本、音頻、圖片、視頻、模擬信號等不同的類型。相對於以往便於存儲的以文本為主的結構化數據，非結構化數據越來越多，包括音頻、視頻、圖片、地理位置信息等。比如北京市交通智能化分析平臺的數據來自路網攝像頭/傳感器、公交、軌道交通、出租車以及省際客運、旅遊、停車、租車等運輸活動，還有問卷調查和地理信息系統數據，包括交通卡刷卡記錄、手機定位數據、營運數據、電子停車收費系統數據、家庭調查問卷等。這些多來源、多類型的數據對數據的處理技術提出了更高的要求。

價值高但是密度低（Value）。大數據的應用價值高，在此不贅述。價值密度的高低與數據總量的大小成反比。在物聯網時代，信息感知無處不在，在1個小時的連續不間斷的監控視頻中，有用數據可能僅有一兩秒。如何通過強大的機器算法更迅速地完成數據的價值「提純」成為目前大數據背景下亟待解決的難題。但是，沙裡淘金仍然彌足珍貴。

速度快（Velocity）。大數據的「快」有兩個層面。一是數據產生得快，有的是爆發式產生的大量數據；有的是由於用戶眾多，短時間內產生了龐大的數據量。二是數據處理得快。在海量的數據面前，處理數據的效率就是企業的生命。電子商務平臺從點擊流、瀏覽歷史和行為中即時發現顧客的即時購買意圖和興趣，並據此推送商品，這就是速度快的價值。速度快是大數據分析區別於傳統數據挖掘分析的最顯著特徵。為了實現速度「快」，要求有新技術支持。以存儲1PB的數據為例，即使帶寬達到1G/s，將其全部存入一臺電腦也需要12天；而通過雲計算可在20分鐘之內完成這一任務。

除了上述四個特點外，還有人提出了大數據應該具有真實性的特點。大數據的價值在於支持決策，這就對數據的真實性提出了要求。面對來源廣泛、格式繁雜的數據，數據清理方法並無法消除某些數據固有的不可預測性。在大數據技術中，可通過結合多個可靠性較低的來源創建更準確、更有用的數據點，或者通過魯棒優化技術和模糊邏輯方法等先進的數學方法來解決此問題。

7.1.2 大數據的重要意義

2015年8月31日，國務院印發的《促進大數據發展行動綱要》（國發〔2015〕50號），對大數據的發展形勢與重要意義進行了分析闡述，指出在「全球範圍內，運用大數據推動經濟發展、完善社會治理、提升政府服務和監管能力正成為趨勢」。其全面闡述了大數據對我國經濟社會發展的重要意義：

大數據成為推動經濟轉型發展的新動力。以數據流引領技術流、物質流、資金流、人才流，將深刻影響社會分工協作的組織模式，促進生產組織方式的集約和創新。大數據推動社會生產要素的網路化共享、集約化整合、協作化開發和高效化利用，改變了傳統的生產方式和經濟運行機制，可顯著提升經濟運行水平和效率。大數據持續激發商業模式創新，不斷催生新業態，已成為互聯網等新興領域促進業務創新增值、提升企業核心價值的重要驅動力。大數據產業正在成為新的經濟增長點，將對未來信息產業格局產生重要影響。

大數據成為重塑國家競爭優勢的新機遇。在全球信息化快速發展的大背景下，大數據已成為國家重要的基礎性戰略資源，正引領新一輪科技創新。充分利用我國的數據規模優勢，實現數據規模、質量和應用水平同步提升，發掘和釋放數據資源的潛在價值，有利於更好發揮數據資源的戰略作用，增強網路空間數據主權保護能力，維護國家安全，有效提升國家競爭力。

大數據成為提升政府治理能力的新途徑。大數據應用能夠揭示傳統技術方式難以展現的關聯關係，推動政府數據開放共享，促進社會事業數據融合和資源整合，將極大提升政府整體數據分析能力，為有效處理複雜的社會問題提供新的手段。建立「用數據說話、用數據決策、用數據管理、用數據創新」的管理機制，實現基於數據的科學決策，推動政府管理理念和社會治理模式進步，加快建設與社會主義市場經濟體制和中國特色社會主義事業發展相適應的法治政府、創新政府、廉潔政府和服務型政府，逐步實現政府治理能力現代化。

7.2 大數據徵信的特點

7.2.1 徵信概述

徵信（Credit Reporting）是「指依法收集、整理、保存、加工自然人、法人及其他組織的信用信息，並對外提供信用報告、信用評估、信用信息諮詢等服務，幫助客戶判斷、控制信用風險，進行信用管理的活動」。

在小企業信貸可得性分析框架下，作為信息分享平臺的徵信機構是銀行貸款基礎設施中的信用信息分享機制的重要構成部分。如美國三大個人消費徵信機構，益百利（Experian）、艾可菲（Equifax）與環聯（TransUnion）合計擁有超過2億成年人的記錄，各自擁有超過13億條交易數據，為包括商業銀行在內的各種機構提供個人信用信息服務；而鄧白氏（Dun & Bradstreet）在企業徵信領域有超過150年的歷史，收錄了超過2億家企業的檔案。小企業信用評分法在美國能有效實施，有上述徵信機構提供所需信息是基礎。

作為一種信息收集、整理和加工的活動，信息技術決定了徵信的方式。在工業化時期，徵信主要依靠人工定性判斷，對應的典型銀行貸款技術是關係型貸款；在20世紀下半葉的電子化時代，徵信大量使用數理統計模型，對應的典型貸款技術是信用評分法。現今我們進入了互聯網時代，信息技術實現了飛躍，徵信技術也正隨之發生深刻變化，出現了大數據徵信方式。這將深刻地影響銀行貸款甚至整個金融業態。圖7.2直觀地展示了徵信技術的發展態勢。

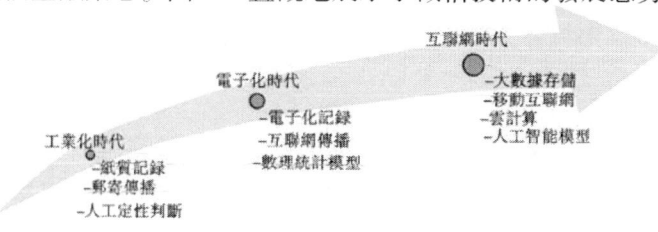

圖7.2 技術變革推動徵信發展

7.2.2 大數據徵信的實踐探索

在工業化時代那樣的技術條件下，很難收集到大量的信用數據，儲存大量數據的成本也非常高昂，使用大量數據進行信用評估也非常困難。但是，在大數據時代，上述情況都已經發生改變。互聯網進入人們生活的方方面面，人們的行為在網路上都會留下痕跡，造就了海量的信用評估數據源；搜索引擎等技術的發展使得收集這些數據成為可能，雲計算則提供了成本低廉的存儲和計算資源，而人工智能的發展使得對海量數據的分析成為可能。

近年來一些高科技企業率先探索利用大數據徵信，取得了不菲的業績。隨後，一些老牌的傳統徵信機構也開始積極擁抱大數據。

7.2.2.1 美國 ZestFinance 公司的實踐

在早期諸多探索大數據徵信的公司中，美國 ZestFinance 公司是比較出眾的一個，具有很強的代表性。ZestFinance 公司（最初名稱為 ZestCash）是由前谷歌公司首席信息官 Douglas Merrill 和前 Capital-One 的信貸部高級主管 Shawn Budde 於 2009 年在美國洛杉磯創立，其技術團隊主要由數學家和計算機學家組成，致力於將人工智能（機器學習）技術與信用評分有機結合起來從事信用評價服務。其成立的背景是，雖然美國具有高度發達的徵信體系，但是仍然有大約 15% 的成年人由於各種原因在銀行沒有信用記錄，也就沒有 FICO 信用評分，無法獲得常規的銀行貸款等服務。還有一些人由於 FICO 分數過低也無法獲得常規銀行貸款。這些人往往需要依靠發薪日貸款（Payday Loan）來維持生活，但是由於沒有常規信用分或者常規信用分很低而必須承受高昂的利息費用。

傳統徵信方式受到這一人群缺少銀行信用記錄的限制。而 Zest-Finance 秉持一切數據皆為信用（All data is credit data）的理念，在繼承傳統徵信變量的同時，極大地擴展了信用評估數據來源，採用了多元化程度極高的數據源。其數據可以分為三大來源：第三方數據、用戶提交和互聯網數據。來自第三方的數據包括購買或者通過交換獲得的關於用戶的信貸記錄、信用卡等傳統信用評估中常用的數據，也包括搬家次數等非常規數據。用戶提交的數據，包括各種

帳單以及回答問卷等。ZestFinance 在數據方面最具有創新的是從互聯網獲取關於用戶的行為數據，包括用戶的網路行為、社交網路等，甚至用戶的 IP 地址、瀏覽器版本都在收集範圍之內。有些 ZestFinance 獲取原始信息數據的渠道看起來似乎有些微不足道，例如，用戶在申請信貸時輸入自己姓名的方式、申請人在 ZestFinance 網站上停留的時間等。

依靠機器學習（Machine Learning，一種人工智能技術）強大的數據分析能力，幫助 ZestFinance 建立了十個分析模型，對每一個評估對象超過 1 萬條的原始信息進行分析處理，得到超過 7 萬條的行為測量指標，然後把這些測量指標整合成較少的元變量，用於描述評估對象某一方面的特徵，再把元變量輸入某一模塊（代表某種技能），每一模塊貢獻一定分數，最后合成得到一個信用分數。上述過程由計算機系統在幾秒鐘之內完成。

根據 ZestFinance 官方網站的數據，相對於傳統的信用評估方法，其開發的新型信用評估方法使得信用評分效率改進了 40%。一方面使更多人申請到了較便宜的貸款，另一方面還款率大幅度上升（違約率比行業平均水平低 60% 左右）。現在 ZestFinance 還外包自己的貸款評估模型，如與小額貸款公司 SpotLoan 達成合作夥伴關係，有效加快了該公司貸款的審批流程，並降低了風險。SpotLoan 在使用 ZestFinance 的模型后定價低於同類的發薪日貸款，所發放貸款的期限最長為 8 個月，貸款額度為 300 美元~800 美元，申請過程在網上僅需 10 分鐘就可以完成，公司的客戶經理通過電話告知申請的結果並最快在 24 小時放款。雖然最高的日利率達 1% 左右，但相比傳統的發薪日貸款，不僅期限更靈活，最多可節省 50% 的利息支出。

7.2.2.2 芝麻信用管理公司的實踐

芝麻信用管理公司屬於阿里巴巴旗下的螞蟻金服集團，2015 年 1 月推出了國內首個個人信用評分——芝麻信用分，屬於大數據徵信的產品。

芝麻信用分評估的數據來源可分為四個。一是阿里巴巴集團下屬淘寶和天貓等電商平臺的交易數據，可收集到三億多條個人實名註冊用戶信息以及超過 3,700 萬戶小微企業的交易信息。二是利用

螞蟻金融服務公司掌握的支付寶、余額寶以及螞蟻微貸等收集用戶的信用信息。三是與外部機構合作，如與銀湖網、手機貸等互換數據，還有從公安網等公共機構獲取政府機構公開數據。四是用戶自我提交的信用數據。

芝麻信用宣稱，其來自阿里體系的數據大約只占 30%～40%，其數據涵蓋了信用卡還款、網購、轉帳、理財、水電煤繳費、租房信息、住址搬遷歷史、社交關係等。在應用人工智能技術對數據的分析中，芝麻信用分的評估包含了五個維度：①用戶信用歷史（信用帳戶歷史時長、信用卡張數、信用卡額度、信用卡級別等）；②身分特質（職業類型、學歷學籍、手機穩定性、地址穩定性等）；③履約能力（帳戶資產、有無住房、有無車輛等）；④行為偏好（帳戶活躍時長、消費金額、消費層次、消費場景等）；⑤人脈關係（人脈網信用度、社交廣度、社交深度等）。

芝麻信用分推出不久就開始得到應用。在消費金融領域，芝麻信用分在 600 分以上的用戶可以申請「花唄」額度，用於在天貓和淘寶購物時付款；芝麻信用分在 700 分以上的用戶可以申請開通「好期貸」，額度在 2,000 元～10,000 元之間。一些 P2P 網貸平臺也開始使用芝麻信用分作為放貸的評價指標。此外，芝麻信用分還在其他領域得到應用。2015 年 6 月 4 日，芝麻信用宣布，用戶的芝麻信用分和芝麻信用報告可用於申請新加坡和盧森堡簽證，可以少提交資產證明、在職證明或者戶口本等資料。

7.2.2.3 騰訊徵信

騰訊集團的 QQ 用戶數達到 8.32 億，微信用戶數達到 5.49 億，微信支付用戶數超過 3 億，以及擁有龐大的騰訊微博、QQ 空間和 QQ 游戲等用戶。騰訊徵信公司的大數據徵信充分利用這些社交網路資源提供的海量信息，如在線時長、登錄行為、財產、支付、購物以及社交行為等，為用戶提供信用評分服務。具體而言，騰訊徵信體系利用其大數據平臺 TDBANK，從各種數據源中採集處理相關行為和基礎數據，並利用機器學習等人工智能技術，根據消費、財富、安全、守約四大指數得出用戶的信用得分。

騰訊徵信評分目前主要用作微眾銀行和其他合作夥伴的授信審

批的依據。

7.2.2.4　其他大數據徵信實踐探索

在高科技企業努力開拓大數據徵信並取得實質性進展的情況下，傳統徵信機構也紛紛開始擁抱大數據，如美國三大消費徵信機構和創立了經典的FICO評分的費埃哲公司等都開始積極研究大數據徵信技術（參見費埃哲公司的宣傳材料圖7.3）。如今訪問費埃哲公司網站，訪問者所使用的瀏覽器版本會被記錄下來，如果版本過低就會被提示，如果訪問者不更新瀏覽器版本，對其的信用評分就會下降。這一信用數據收集和評估方式，與ZestFinance創立的徵信方式非常相似。

傳統的銀行業也開始嘗試應用大數據徵信開發新產品，如建設銀行依託善融商務開發出大數據信貸產品善融貸。

大數據徵信實踐至今僅僅開展數年時間，雖然還未成熟，更遠談不上成為主流方法，但是這一新生事物已經顯示出了強大的生命力。

圖7.3　費埃哲公司官網上關於大數據宣傳的材料

7.2.3　大數據徵信的特點

相對於傳統方法，大數據徵信對海量的信用數據進行採集和分佈式存儲，對這些數據進行深入的加工和挖掘，實現了突破性的創新。

7.2.3.1 數據和方法

首先，在信用數據來源上。傳統信用評估使用的數據主要來源於銀行記錄和第三方的信貸數據，主要是還款記錄、還款金額和貸款類別等數據。而大數據徵信的數據來源多種多樣，既有來自第三方的信貸數據，也有來自網路的數據和社交數據，除了傳統的信貸數據外，還包括各種行為數據，如 IP 地址、瀏覽器版本、搬家次數、填表行為和社交行為等。

其次，在數據格式上。傳統方法使用結構化的數據，而大數據徵信在利用人工智能、搜索引擎技術的同時，也使用結構化和大量非結構化的數據。在變量數上，傳統方法的變量庫中一般為 400~1,000 個變量，由於主要使用迴歸分析方法常常會出現多重共線性問題，所以一般只實際使用 15~30 個變量；而大數據徵信利用機器學習可以使用的變量多達幾千到上萬個。傳統方法在建立模型選擇解釋變量時注重因果關係，在解釋能力和因果關係之間出現矛盾時往往寧願犧牲一些解釋能力。而大數據徵信更關注關聯關係。在處理數據的工具方面，傳統方法常常使用的迴歸統計已無法勝任成千上萬的變量分析。大數據徵信則使用機器學習一類的人工智能技術處理這些海量數據和變量。

7.2.3.2 大數據徵信的創新

大數據徵信極大地提升了徵信的效率，通過創新使徵信技術取得了突破性的、甚至是顛覆式的發展。

第一，廣譜的數據來源和多維的信用評估信息。

傳統的信用評估，使用的信息維度比較單一，數據主要來自金融領域。如圖 7.4 所示，經典的 FICO 信用評分的基本思想是比較借款人信用歷史資料與數據庫中的樣本資料，通過檢查借款人的發展趨勢與樣本中各種陷入財務困境的人的發展趨勢之間的相似程度進行判斷。雖然傳統徵信方法在歷史上發揮了很大的作用，但在當今互聯網時代，信用評估對象出現許多信息維度，如電子商務、社交網路和搜索行為等，傳統評估方法的有效性和能力越來越受到懷疑。

大數據徵信中的數據來源更廣，信用信息維度高。大數據徵信除了繼承傳統數據外，還採集電商平臺的交易數據、社交媒體的關

FICO

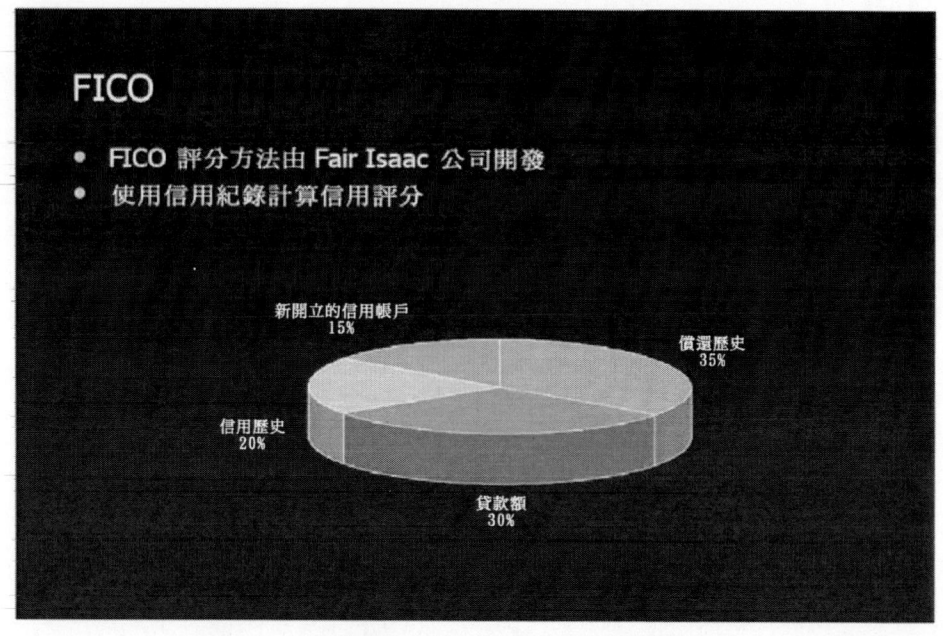

- FICO 評分方法由 Fair Isaac 公司開發
- 使用信用紀錄計算信用評分

新開立的信用帳戶 15%
償還歷史 35%
信用歷史 20%
貸款額 30%

圖 7.4　經典的 FICO 信用分評估構成比例

係數據、P2P 網路貸款信息、第三方支付的消費數據、移動 APP 上的地理位置信息、搬家次數以及日常行為數據等。這些數據可以從評估對象的信用歷史、社會關係、消費偏好以及性格行為特徵等多個維度反應其信用水平。

第二，提高評估的準確性。

傳統信用評估模型關注評估對象的歷史信息，通過與有限的樣本數據進行比對而作出判斷。在社會生活快速發展變化的背景下，其準確性難有保證。而大數據徵信高度重視評估對象當前的信息（比如獲取用戶即時的行為軌跡），致力橫向拓展，對多維的海量信用信息進行深度挖掘。大數據徵信引起高度關注，一個重要原因就是 ZestFinance 公司應用大數據技術提高了信用評估的準確性。

第三，徵信人群覆蓋廣泛。

傳統徵信方式高度依賴銀行的信用記錄。即使如美國這樣金融高度發達的國家，也由於經濟等原因有大約 15% 的成年人沒有信用記錄。中國人民銀行建立的徵信系統，雖然錄入人數超過了 8 億人，但是多數只有基本信息，有信用記錄的只有 3.2 億人，約占總人口的 23.7%，與美國徵信體系 85% 的覆蓋率差距巨大。

大數據徵信通過對評估對象在網路上留下的痕跡進行數據挖掘和分析，就可將徵信覆蓋到這些在互聯網上有數據的人。而中國網路用戶人群覆蓋面非常廣泛。據中國互聯網信息中心發布的第36次全國互聯網發展統計報告顯示，截至2015年6月，我國網民總數已達6.68億人；手機網民規模人數達5.94億人。2015年第一季度，QQ月活躍帳戶數達到8.29億；微信每月活躍用戶已達到5.49億；工商銀行、建設銀行、中國銀行、農業銀行、招商銀行、浦發銀行、中信銀行、民生銀行的個人網銀用戶數量累計已超4億人（根據中國電子銀行網的統計數據），第三方支付平臺支付寶用戶數突破2億人；2015年第一季度末，微信支付用戶則達到了4億人左右。

第四，徵信即時迅速。

傳統徵信方法關注、分析評估對象的歷史信息，數據少且在時間上滯后，而大數據徵信的評估基於海量信息並且即時迅速。大數據具有存量和熱數據的典型特徵，它不再是離線的事後數據分析，而是即時在線的數據互動。大數據徵信能夠24小時不間斷地、量化地進行風險跟蹤，對捕捉到的風險及時發出預警。比如銀行依託自建電商平臺開發大數據貸款產品，在發放貸款後銀行還可即時監控社交網站、搜索引擎、物聯網和電子商務等平臺，跟蹤分析客戶的人際關係、情緒、興趣愛好、購物習慣等多方面信息，隨時更新信用風險評價指標。

大數據徵信開創了全新的理念和模式，極大地推動了大數據、雲計算與金融信用的結合。

7.3　大數據徵信技術的應用與發展

作為新生事物，大數據徵信還很不成熟。現實需要是推動技術發展的最強大的內在的動力。在金融歷史上，最初的信用交易只限於熟人之間，而隨著市場交易地域和規模的擴大，出現了在陌生人之間進行信用交易的需要，促使了專業的徵信機構——徵信機構的產生。如今，由於受到信息不透明問題的阻礙，一方面大量小企業

融資需求得不到滿足；另一方面受金融脫媒的影響，小企業融資市場日益成為銀行未來發展的重點，這就會極大地推動徵信技術飛速發展——而大數據徵信就是其未來發展的方向。

大數據徵信剛出現不久，雖然已經顯示出了強大的能力，但是其應用還不廣，需要在實踐中不斷發展完善。我國不像美國那樣建立了完善的信用體系，小企業融資中信息不透明問題更為嚴重，大數據徵信恰能發揮更大的作用。

當前，我國有條件的銀行在小企業貸款中發展應用大數據徵信，應該將其上升到全行業經營戰略的高度，並在以下三個方面做出努力：

第一，創新數據挖掘技術。充分利用以往累積的歷史客戶數據資源，識別有助於進行小企業信用評價的數據，積極創新數據整理和分析處理的手段，對分散在各種業務數據庫的、維度不同的數據進行標準化清洗、過濾與整合，創新數據挖掘模式。這就要求銀行在數學建模與計算機技術、人才方面大量投入資本。

第二，創新數據來源。包括通過建立自己的電子商務平臺，與社交網站合作、與第三方機構互換數據等渠道獲取結構化、半結構化和非結構化數據，進行綜合建模和數據分析。將低價值密度、碎片化的非結構化大數據與自有的結構化數據結合起來使用。

第三，建立適合於我國小企業的信用評價模型。大數據徵信從企業的行為模式中計算、識別信用，從企業經營的明細數據中挖掘信用。不同信用環境下企業行為具有自身的特點，我國銀行應該在數據和技術的支撐下，積極識別那些有助於提高我國小企業信用評價準確性的變量。

7.4 大數據徵信技術發展對小銀行優勢假說的衝擊

小銀行優勢假說成立必須同時具備兩個前提條件：①小企業信息不透明，貸款中依賴於軟信息；②軟信息不能硬化。電子商務的發展，能夠顯著地增加小企業的信息透明度，使其貸款時不再依賴

軟信息。當然，業主的人品等軟信息仍然具有重要的信用價值，傳統的關係型貸款技術中由信貸員通過人際交往收集的這些信息仍然具有重要意義，尤其是對於電子商務尚未覆蓋的企業，所以小銀行優勢假說仍然在一定範圍內和一定程度上成立。然而隨著大數據徵信技術的發展，其在成本、準確性等方面都比傳統的信貸員面對面收集軟信息的方式具有顯著優勢，這對小銀行優勢假說形成了進一步的嚴重衝擊。

小企業信用評分法將企業業主的信用信息和有限的企業信息結合起來，使得大型銀行可以利用其來給信息不透明的小企業發放貸款，在一定程度上實現了軟信息的硬化。但是，在大數據徵信技術出現前，小企業信用評分法受制於兩個方面：一是覆蓋人群受限於傳統徵信人群；二是小企業本身信息不透明，使得所適用的貸款金額較小。大數據徵信技術的發展，極大地擴大了徵信的覆蓋面，還利用電子商務平臺收集小企業信息，可以幫助小企業信用評分法突破前述兩個限制，從而對小銀行優勢假說成立的前提形成極大的衝擊，甚至使小銀行假說基本上不再具有成立的空間。

7.4.1　大數據徵信對人工收集信息的替代能力分析

對小企業進行信用評價，可以概括為根據小企業經營、資信、財務、企業業主個人及家庭、擔保等方面的情況作出評價分析。

關於企業經營情況，主要圍繞著企業產品生產是否正常、銷售是否順暢、採購是否穩定等方面的情況。在傳統的關係型貸款方式下，由信貸員現場進行調查瞭解。顯然，此方式存在下述風險：一是信貸員的知識、經驗不足，可能會作出有誤的判斷；二是企業可能掩蓋真實情況，有意誤導信貸員；三是信貸員出於個人利益而舞弊，有意作出錯誤的或者誤導性的報告。並且，由信貸員到現場調查的成本高昂、耗時頗多、效率非常低下。

對於企業經營情況，大數據徵信的效率和可靠程度顯著高於人工現場調查的方式。在大數據徵信的方式下，可以根據電商平臺的記錄，收集包括物流、訂單、在線時間、訪問和點擊量、現金流水等諸多方面的信息，然后合成企業經營情況整體圖像，作出相應的

推斷和判斷。上述過程由系統內置的定量化的模型自動完成。在此方式下，數據的客觀真實性高，信息維度多，企業和銀行內部工作人員舞弊的空間和可能性很小，且速度快、成本低。

對於小企業的資信，傳統方式下銀行依賴徵信機構提供信用報告和銀行本身保存的與客戶的交往記錄，常常受制於徵信人群覆蓋範圍和信用記錄數據缺失、信息維度單一等問題。大數據徵信不僅將上述傳統方式收集的信息納入考察範圍，還從更為廣闊多元的渠道如互聯網上收集分析客戶的信用記錄（包括網路支付、借貸等各種記錄），從理論上講，其有效性更高，在徵信覆蓋範圍、信用信息量與維度、成本和效率方面更具優勢。

在小企業的財務數據方面，經營規範的小企業可提供財務報表，銀行可據此進行分析。多數小企業的財務報表的可信度差，故傳統方式下銀行常常根據出入庫單、銷售單、報關單、繳稅記錄等比較可靠的資料，對企業財務狀況，特別是銷售規模作出分析推算。在大數據徵信的情況下，可從電子商務平臺上獲取遠比出庫單、銷售單、報關單、納稅記錄等更多元、更可靠的財務數據，可以更為準確地推斷企業的財務狀況以及銷售情況。

小銀行優勢假說著重強調信貸員與業主通過面對面的人際交往收集信息這一方式的價值。通過此種方式能夠收集到關於業主人品和能力方面的信息，確實具有重要的信用價值。根據費埃哲公司與羅伯特·莫里斯協會在20世紀90年代中期的研究，企業業主個人及家庭情況在很大程度上決定了其管理企業的信用風險，這一點在銀行實務中也是得到廣泛認可的。其原因可能是小企業的財務與業主本人的財務常常是沒有分開的，這構成了小企業信用評分法的基礎。不過，業主本人的人品決定了其償債的意願，其個人能力也會影響企業的財務狀況，所以信貸員通過與業主的人際交流收集的相關信息是有價值的。那麼，大數據徵信能否收集到同類信息？能否替代傳統的信貸員通過人際交往收集此類信息的方式？

首先，大數據徵信完全可以完成對業主人品信息的收集。人品中的關鍵信息為誠信、誠實等。從根本上來講，人品並非虛幻的東西，是要通過行為來反應的。在互聯網時代，人的大量活動需要通

過網路完成，也就會在網路上留下痕跡。大數據徵信可以利用搜索引擎技術和人工智能捕捉到這些痕跡，並根據行為規律、心理學理論等建模加以定量化分析。此外，人的誠信並非是脫離現實條件而存在的，在很大程度上是與所受到的監督直接相關聯的。比如傳統的信貸記錄之所以能幫助解決信用評估問題，雖然可以解釋為歷史上的誠信行為表明了該人的人品，然而不可否認的是信用記錄本身又對人們的行為構成約束，使其不敢輕易做出失信行為。大數據徵信的即時性，即隨時對評估對象的監督，比傳統的通過人際交往的事後監控顯然有效得多。在小銀行優勢假說中，假設信貸員能夠完成對業主人品、能力的判斷，但對於完成這項任務的條件未進行深入探討。其實，信貸員必須具有足夠的訓練和經驗，並且與業主有足夠多的並且是長時間的交往才可能對業主的人品作出比較準確但仍然是相當主觀片面的判斷。而大數據徵信利用大樣本（甚至可以稱為是利用總體數據）挖掘其中的規律，不斷地改進更新，使用收集到的關於業主的更多的行為記錄，作出關於評估業主人品方面的推斷，並且其具有不受信貸員主觀因素影響的優點。所以使用大數據徵信代替信貸員通過人際交往收集人品信息，這在理論上是沒有問題的。

其次，業主的個人能力，如組織管理能力、思維能力、學習能力等，對於企業未來的發展和償債能力具有很大的影響。這些能力可能通過人際交往讓人有一些直觀的瞭解，但是一般更可靠的應該還是過去的行為表現、業績等。傳統的關係型貸款中，信貸員可通過對顧客、供應商、社區相關人員等進行訪談來瞭解業主的能力；大數據徵信條件下則可通過對業主的行為記錄、業績等進行分析瞭解。

需要指出的是，傳統的人際交往往往被認為是不可替代的。其原因是，人在面對面的交往中能形成一些難以描述的或者說是微妙的關於對象的人品、能力等方面的直覺。比如美聯儲前主席格林斯潘在20世紀90年代就強調在信貸決策中人的直覺的價值。不過，認知心理理論認為關於人的誠實等是有規律的，並是可以測量的（章瑜，2006；殷忠勇，2010）。阿里小貸在徵信中就引入了視頻測試，通過視頻與客戶面談，測試客戶的人品等特質。隨著人工智能技術（包括機器學習、

人臉識別等）的發展成熟，大數據徵信完全可以通過視頻面試等可視化的方式增加對客戶的人品特質等方面情況的掌握。

最后，個人消費信貸市場的歷史也表明，完全可以通過定量化的方式實現對個人的償債能力和償債意願的分析。比如信用卡的發放，最初完全是依靠信貸員與客戶面對面的交往等方式收集資料後完成評估，屬於典型的人工收集信息的評估方式。但是隨著市場數據的累積和計算機系統的發展，如今信用卡的發放已經完全實現了計算機自動化審批。

7.4.2 大數據徵信對小企業信用評分法的提升

近十多年的實踐已經證明，小企業信用評分法在其可以應用的範圍內已經對小銀行優勢假說形成了嚴重衝擊。但是其局限是：第一，未充分收集關於業主的人品等方面的信息，得到廣泛應用是由於成本和效率方面的優勢，一些業主缺乏信用記錄的企業被排除在外，所以很多時候被認為可能加劇信息不透明問題。第二，其應用範圍受限，對較大金額的貸款（對應較大規模的企業，但是仍然不能提供有足夠可信度的財務報表），由於傳統的徵信局缺少商業信用信息的記錄而也不適用。

大數據徵信技術的發展，恰好能突破上述局限。首先，大數據徵信覆蓋人群可以非常廣泛，將有信用記錄的人擴展至絕大部分人群。只要使用過網路，就會成為大數據徵信覆蓋的人群中的一員。現今已經進入互聯網時代，人們生活的方方面面都離不開互聯網，不使用網路的人少之又少。大數據徵信技術全面收集數據、多維信息評估的特點，充分挖掘、利用個人信息，可有效彌補前述小企業信用評分的第一個局限。

在對小企業信用評分法的研究中，人們發現企業規模越大，企業本身的信息對於信用評估越重要，而企業業主本人的信息的信用價值就越低。大數據徵信可以通過電子商務平臺獲取關於企業本身的經營等各方面的信息，小企業的信息透明程度顯著上升。信用評分法本身是適用於向大型企業發放貸款的，並且所使用變量是關於企業本身的情況。在引入大數據徵信後，能獲取關於企業本身的信

息，就可以使小企業信用評分法適用較大規模的企業所需的較大金額的貸款。即大數據徵信極大地擴展了小企業信用評分法的適用範圍。

所以，隨著大數據徵信技術的發展成熟，信用評分法將適用於各種規模的企業，包括傳統上業主無信用記錄的以及企業規模較大但是仍然無可信財務報表的企業。信用評分法仍然不能覆蓋的，只是那些業主不經常使用互聯網和企業經營活動不通過電子商務平臺進行的小企業。屬於這種情況的且真的值得放貸的小企業是非常稀少的。因為，首先從經營角度看，傳統企業紛紛主動擁抱電子商務已經是大勢所趨，而小企業採用電子商務是出於經濟性的考量。其次，在如今的技術環境下，不使用互聯網而能經營好企業的人幾乎是不可能存在的。最后，從融資角度看，既然電子商務平臺可以增加企業透明度，前景被看好、財務狀況健康的企業會主動加入電子商務平臺以向銀行揭示自身的類型；只有那些高風險的企業才會隱匿自己的財務狀況。

7.4.3 大數據徵信技術發展對小銀行優勢假說的衝擊

綜前所述，可以發現隨著大數據徵信技術的發展成熟，人工收集信息這一方式將難以再得到廣泛使用，關係型貸款中的人際交往也不再在收集信用信息方面存在難以替代的獨特的優勢。此外，隨著電子商務的普及，小企業的信息透明度普遍上升，大數據徵信充分利用這一條件后可將小企業信用評分應用於較大金額的貸款，從而突破傳統 SBCS 的局限性。

總之，今后在對小企業的各種貸款決策中將廣泛使用大數據徵信，而人工收集信息這一方式在非常有限的情況下才可能會被使用——無論銀行的規模大小。大型銀行可能會利用規模經濟建立自己的大數據徵信系統；而小型銀行則可外購第三方徵信機構的服務。

使用大數據徵信，意味著信貸決策是基於硬信息制定的，如此，小銀行優勢不再存在。新生事物取代舊事物是歷史規律。從金融市場歷史來看，各種技術進步主要發生在基於硬信息的領域，而基於軟信息的技術進步非常緩慢。硬信息取代軟信息是歷史趨勢。

8 基於小銀行優勢假說的主張存在的問題

中小企業融資難問題產生的根源在於信息不對稱。小銀行優勢假說從信息生產的角度比較系統地嚴格論證了小銀行在收集、生產中小企業信用信息方面的優勢所在，從 20 世紀 90 年代到 21 世紀初又得到多數實證研究的支持，所以得到廣泛地流傳與支持。不少人以小銀行優勢假說為依據，提出為了解決我國中小企業融資難問題，應該大量新設小銀行，建立以小銀行為主的金融結構的主張。2005 年召開的全國金融工作會議決定允許設立地方中小銀行，以解決中小企業融資難問題。

然而，仔細考察小銀行優勢假說的前提假設、貸款技術發展的趨勢和我國經濟社會的現實條件，這一政策主張存在下述問題，難以有效解決小企業融資難問題，還會給我國經濟帶來嚴重的不良後果。

8.1 忽視貸款技術發展的趨勢

小銀行優勢假說的基本依據是，小銀行在關係型貸款上具有比較優勢。據此主張通過發展小銀行來解決中小企業融資難問題，不僅高估了關係型貸款技術在解決中小企業融資難問題上的有效性，更是忽視了貸款技術發展的歷史趨勢。

信貸員通過人際交往收集業主人品等軟信息這一方式在銀行貸款實踐中有非常久遠的歷史，但也是發展進步緩慢的技術。在早期

關於關係型貸款的文獻中，較多的是關注銀行通過提供多種服務來獲取關係企業的財務信息。在后來的研究中為了解釋小銀行優勢現象，才開始強調信貸員面對面收集的「軟信息」的價值。但是，以信貸員對業主的人品等方面的評價為基礎制定貸款決策，這一方式可靠性小、成本高、進步空間有限。認為基於有限的人際交往即可準確地把握對方人品，這顯然是誇大了信貸員的能力。況且人品等人格因素絕非是一成不變、表裡如一的。經驗豐富的信貸員可以形成一些識別人品的技巧（仍然不是那麼可靠），但是這些技巧難以傳授給他人，更難以通過累積取得進步來改進其準確性。

金融市場的歷史表明，技術進步主要集中在基於硬信息的領域。計算機等信息技術的進步使基於硬信息的貸款技術獲得了進步，表現為降低成本和提高信用評估的準確性。對於規律的認識，是基於對大量歷史事實的歸納總結。硬信息便於存儲、傳遞和加工的特性，為大量累積數據、整理數據和發現規律提供了條件。軟信息難以存儲、傳遞，其累積局限於個人，數據量小、片面性強，不易於在人際交流中累積，也就難以獲得進步。

金融市場的歷史也是軟信息「硬」化的歷史（Petersen，2002）。貸款決策的制定越來越多地基於硬信息進行，而軟信息的重要性一直在下降，這是貸款技術發展的歷史趨勢。在對小企業貸款領域，20世紀90年代中期出現了小企業信用評分技術，近年來出現了大數據徵信技術。這些新技術已經開始對銀行貸款業務產生重大影響，顯示出了替代關係型貸款的趨勢。通過發展小銀行解決融資難問題的主張，顯然是忽視了這一技術發展趨勢。即使大數據徵信等新技術還不夠成熟，還不能完全替代信貸員面對面地收集信息這一方式，我們還是應該重視這一趨勢。

最後，我們不妨回顧一下信用卡市場的歷史。最初信用卡的審批基本都是基於人際交往（如面談考察等）收集信息，而今已完全被定量化、自動化的審批技術取代。

8.2 現實不具備有效開展關係型貸款的一些必要條件

通過對小銀行優勢假說的考察,可以發現,小銀行的優勢源於其組織層次簡單,這為其開展關係型貸款提供了有利條件。但是,要有效開展關係型貸款還需要其他一些必要條件。現實中,我國並不具備這些條件。

8.2.1 關係型貸款的開展受制於中小企業的壽命

開展關係型貸款的前提條件是維持長期的銀企關係。首先,關係型貸款中信息的收集必須基於長期的銀企關係,尤其是軟信息的收集。其次,由於收集利用軟信息進行貸款的成本高昂,須通過維持長期借貸關係來分攤最初投入的信息生產成本。

然而現實中我國中小企業的普遍壽命很短,無法給予銀行可以保持長期關係的承諾。普華永道會計師事務所發布的《2011年中國企業長期激勵調研報告》表明,中國中小企業的平均壽命僅2.5年。與此一致的是,2010年民建中央發布的專題調研報告《后危機時代中小企業轉型與創新的調查與建議》顯示,中國中小企業平均壽命僅3.7年。中小企業較短的預期壽命,意味著銀行不會有足夠的激勵或動力對其開展關係型貸款。

8.2.2 小銀行不具備滿足要求的人力資源

組織層次簡單則可以賦予信貸員決策的權利,這增加了信貸員收集軟信息的激勵與動力,但這並非有效收集、處理和使用軟信息的充分條件。

關係型貸款的特點是收集使用難以量化、存儲、檢驗及傳遞的軟信息,如企業業主的人品、能力等。這些信息具有強烈的人格化特點,信貸員通過與企業業主長期的人際接觸,瞭解其性格、秉性等,以及其創意、對行業的見解、對未來前景的判斷等,最后形成

综合評價。這些軟信息結構複雜、內容龐雜，其收集、加工、解讀和使用不僅需要運用金融專業的知識，還需要掌握心理學、社會學等多學科的知識，故其收集、加工、解讀和使用的難度非常大，對信貸員的技能要求非常高。在人才市場上，由於待遇（對小企業的關係型貸款的金額小、貸款成本上限低，這就限制了信貸員的收入）、晉升空間等原因，小銀行可能很難招募和保持一支這樣非常稀缺的高技能人才隊伍。

此外，人員流動和崗位輪換越來越頻繁是當今各行業的一個顯著特點。離職前，在小銀行中處於第一線的信貸員很難有足夠時間生產此類軟信息。即使有時間，由於難以儲存、傳遞和驗證的特性，在信貸員離職后，這些軟信息也無法為原銀行繼續使用。在此情況下，銀行恐難有動力在此方面（如人力資源）進行大量投資。

8.3　增加金融系統風險

建立以小銀行為主的金融結構，依靠它們開展關係型貸款來解決中小企業融資難問題，會以增加金融系統風險為代價。這是由於小銀行比大銀行更易受到危機衝擊（我國金融行業的歷史也已表明，越小的銀行發生壞帳的風險越大），此外還有以下原因：

首先，如果建立以小銀行為主的金融體系，勢必導致監管對象數量劇增，且位置分散，將對金融監管能力形成嚴峻挑戰。由監管對象數量龐大導致監管困難的現象在很多領域都存在，具有普遍規律性。當前我國食品安全監管面臨困境的一個重要原因就是大量的小生產者的出現導致監管對象太多。事實上，各領域採用的策略都是重點監管大型企業。但是，現代社會中相互交織的債權債務網路使任何一家銀行（哪怕是小型銀行）的破產都可能對社會產生極大的震動與破壞（楊曉光，盧授永，2003）。

其次，開展基於軟信息的關係型貸款的一個前提條件是，銀行規模應足夠小以維持其層級簡單的組織結構。然而金融行業的特點決定了規模優勢對銀行的生存發展具有根本性的意義，因此任何小

銀行都有內在的強烈動力通過各種途徑迅速擴大規模。為保持有足夠多的小銀行，需要降低門檻允許大量設立小銀行，這終將使銀行業出現產能過剩問題，必然導致利潤下降。而失去了由特許權價值帶來的超額利潤，將增加銀行轉嫁風險的概率。值得注意的是，近年來我國銀行業的利潤持續下降，同時壞帳率持續上升，銀行間在爭奪存款和貸款客戶方面的競爭日益激烈。這已經顯示出了行業產能過剩的跡象。

最後，關係型貸款是基於軟信息開展的貸款業務，必然大大增加銀行的操作風險。軟信息難以驗證的特性，使信貸員失去了直接的約束，大大增加了其受賄和舞弊的空間，使得基於軟信息發放貸款的小銀行將面臨非常嚴重的詐欺問題，既包括內部詐欺，也包括外部詐欺。掌握著軟信息的信貸員被激勵做出虛假報告，誇大項目預期收益而壓低預估風險，以爭奪更多信貸資源並投向其開發的投資項目，從而給銀行帶來損失。

關係型貸款還可能會導致貸款「軟約束」問題。當企業的初始貸款需求得到滿足后，其融資需求可能會進一步擴大，貸款風險也會進一步增加。銀行為了收回前期的貸款投入，可能會傾向於滿足企業新增的貸款需求，以避免企業違約。這樣對於企業來說，預算約束是「軟」的。日本的金融體系所採取的所謂「關係型融資」（Relationship Financing），普遍存在著貸款「軟約束」問題以及銀行和企業之間相互「勒索」的問題。日本金融體系「失去的 20 年」，與此不無關係。

8.4　代價高昂

為了解決小企業融資難問題而建立以小銀行為主的金融體系，還需在以下幾個方面付出較高的代價：

第一，企業需付出高融資成本。關係型貸款中銀行掌握的企業信息是私有信息，從而形成信息壟斷；企業轉向其他銀行需要付出很高的成本。故關係中的「在位」銀行會索取高於市場競爭水平的

利率（相關理論論述見第 4 章）。

第二，會影響資源配置效率。金融系統最基本的功能是資源配置。當存在相互競爭的投資項目時，小銀行在各自的小範圍內進行決策，資源配置效率不如由大銀行集中資金在更廣範圍內進行決策高。小型銀行由於受資產規模的限制，只能向資金需求規模小的小型企業發放貸款，而不能向一些優質的大項目發放貸款。這也顯然影響了資源配置的效率。

第三，不利於建設創新型國家。自主創新活動的一個特徵是高風險。因此，自主創新活動需要強大的金融支持。而小銀行的資金實力微弱，又必須分散資產配置，對於高風險的創新活動無力提供支持。如果為了緩解小企業融資難題而建立以小銀行為主的金融體系，就會與大力鼓勵創新的國家戰略相衝突。

8.5　政策建議

隨著技術的發展，小銀行優勢假說的適用範圍不斷縮小。通過建立小銀行主導的金融體系以解決小企業融資難問題的政策主張，顯然忽視了這一歷史趨勢，同時也忽視了小銀行有效開展關係型貸款的必要條件，對此需付出的代價也缺少認真的估量。此外，不容忽視的一個事實是，小企業融資難是世界性難題，而不少國家的銀行體系原本就是以小銀行為主的。

可見，為了解決小企業融資難問題，依據前提與假設甚多、產生於西方國家的小銀行優勢假說理論，主張建立以小銀行為主的金融體系，是缺乏對歷史和現實的深入、全面的考察的。當然，解決小企業融資難問題，應該致力於解決小企業信息不透明問題，但是不能依靠信貸員人工收集信息這樣幾乎難有發展空間的方式。

我國應該停止執行新設大量小型銀行的政策，將目光投向大數據徵信這一極具發展前景的技術。在進入互聯網時代後，人們的行為、心理、社交等方面的數據呈現非財務化的新特點。中國是互聯網大國，上網人口多，數據量大，為開展大數據徵信提供了良好的

條件。如何利用大數據徵信技術提供的機遇，促進我國信用體系建設實現跨越式發展，是當前一項重要課題。

8.5.1 我國社會信用體系建設概況

社會信用體系「以法律、法規、標準和契約為依據，以健全覆蓋社會成員的信用記錄和信用基礎設施網路為基礎，以信用信息合規應用和信用服務體系為支撐……以守信激勵和失信約束為獎懲機制，其目的是提高全社會的誠信意識和信用水平。」（《社會信用體系建設規劃綱要（2014—2020 年）》國發〔2014〕21 號）

經過二十多年的努力，我國社會信用體系建設已經取得一定進展。

首先，在法規建設方面有了一定的基礎。在宏觀層面上，《中華人民共和國中小企業促進法》《國務院關於鼓勵支持和引導個體私營等非公有制經濟發展的若干意見》《國家發展改革委關於印發貫徹落實國務院關於鼓勵支持和引導個體私營等非公有制經濟發展的若干意見重要舉措分工方案的通知》等法規和政策文件對信用體系建設提出了要求。在具體操作層面上，國務院及下屬部委出抬了信用體系建設規劃（2014—2020 年）以及《徵信業管理條例》等信用體系建設的規章和標準。

其次，建成了全國集中統一的金融信用信息基礎數據庫。中國人民銀行組織商業銀行建立了全國統一的企業和個人信用信息基礎數據庫，為全國參與金融活動的 1,300 多萬家企業和約 8 億自然人建立了信用檔案，並記錄這些企業和個人在金融、司法、質檢、環保等領域的信息。

當前，我國政府正積極推進小微企業和農村信用體系建設，推動各部門信用信息公開，開展行業信用評價，實施信用分類監管。各地區也在積極探索建立綜合性信用信息共享平臺，促進本地區各部門、各單位的信用信息整合應用。

但是，我國社會信用體系遠不能滿足經濟社會的需要，還存在不少問題。這主要表現在：①覆蓋全社會的徵信系統尚未形成；②社會成員信用記錄嚴重缺失。中國人民銀行徵信系統雖然覆蓋了 8

億人，但是其中有交易記錄可以進行徵信的群體只有3億人，另外5億人只有基本信息。此外，還存在信用服務市場不發達、服務體系不成熟、服務行為不規範、服務機構公信力不足、信用信息主體權益保護機制缺失等問題。

8.5.2　促進大數據徵信快速健康發展

首先，不應該將大數據徵信定位為傳統徵信的補充，而應該將其作為未來徵信的主流技術和行業制高點。在傳統徵信技術方面，美國領先了世界幾十年（吳晶妹，2014）。如果我國徵信按照其發展路徑，依靠銀行等金融機構逐步地累積以財務為主的信用數據，那麼發展速度難以滿足需要。大數據徵信技術的發展，為我國徵信業提供了一個絕佳的實現跨越式發展的機遇。現實的迫切需要將推動大數據徵信技術快速發展。同時，我國互聯網產業的蓬勃發展又為其提供了條件。

要想促進大數據徵信的發展，就要先解決信用信息共享問題。信用信息分散在各種機構手中，既包括銀行等傳統金融機構，也包括P2P等新興互聯網金融企業，還有電子商務平臺、社交媒體等互聯網企業，電信、工商、稅務、海關和司法等部門也掌握著大量信用信息。信用信息資源割裂，不能互聯互通，嚴重影響開發利用，造成信息資源浪費，不利於大數據徵信的發展。當前我國政府已經致力於推動政府部門掌握的信用信息逐步公開和共享。由於數據已經成為大數據時代最重要的戰略資源，各機構都存在著嚴格保守秘密的傾向。因此，除了少量地、自發地信息交換外，其他機構之間，尤其是大型機構之間幾乎還沒有信息共享機制。為支持大數據徵信發展，不妨由政府出面組織搭建大數據交易平臺，通過市場化交易的方式促進數據信息共享。此外，還應該允許各徵信機構接入央行的徵信系統，建立與央行徵信系統存在映射關係的信用信息共享平臺，以打破「信息孤島」。

發展大數據徵信不可避免地會面臨個人隱私和信息安全保護問題。《徵信業管理條例》規定：「禁止徵信機構採集個人的宗教信仰、基因、血型和病史等個人信息；在未明確告知不良後果並取得書面

同意外，不得採集個人的收入、存款、保險、有價證券、不動產等信息；採集個人信息應當經信息主體本人同意，未經本人同意不得採集。」大數據徵信所採集的數據來源於互聯網。不僅可以獲取電商交易等數據，徵信機構還可以使用網路爬蟲技術從網上抓取個人行為留下的痕跡，如個人社交網路的數據（微信朋友圈、微博）、通話記錄等。如果收集這些數據要一一獲得授權，那麼可能存在成本過高的問題。同時網路行為、社交數據中可能有個人隱私，在個人缺乏網上信息保護意識且未被告知的情況下進行信息採集，這就可能侵犯個人隱私。解決此問題的一個方法是發展數據清洗技術，對所採集數據進行清洗處理，在使用時不會再顯示敏感信息。對於在大數據徵信中如何取得信息主體的書面授權、如何保障信息主體的知情權和異議權等問題，目前尚無相關法律法規予以明確說明。相關部門應該密切關注徵信實踐的發展，本著鼓勵創新的原則，積極研究這些問題，及時出抬相關法規。

　　傳統的徵信產業具有三種模式，包括以美國為代表的「市場主導」模式；以法國為代表的「政府主導型」模式和以德國和日本為代表的「混合型」徵信機構模式。三種模式各有利弊。目前，我國徵信市場還處於探索階段，因此應該對這些模式的利弊進行仔細研究。從基礎設施建設的經驗來看，應該由政府發揮主導作用。徵信體系作為一項重要的金融基礎設施，政府在其建設中應該發揮較大的作用。在設計我國徵信市場發展模式時，一個需要特別重視的影響因素是技術，即大數據徵信技術發展的要求。在發展大數據徵信的過程中，建立數據共享機制、保護隱私和信息安全等任務應主要由政府承擔。

國家圖書館出版品預行編目(CIP)資料

小銀行優勢假說研究/廖海波 著．-- 第一版．
-- 臺北市：崧博出版：財經錢線文化發行，2018.10

　面；　公分

ISBN 978-957-735-521-8(平裝)

1.商業銀行 2.銀行管理 3.中國

562.5　　　　107016198

書　　名：小銀行優勢假說研究
作　　者：廖海波 著
發 行 人：黃振庭
出 版 者：崧博出版事業有限公司
發 行 者：財經錢線文化事業有限公司
E-mail：sonbookservice@gmail.com
粉絲頁　　　　　　　網　址：
地　　址：台北市中正區延平南路六十一號五樓一室
8F.-815, No.61, Sec. 1, Chongqing S. Rd., Zhongzheng Dist., Taipei City 100, Taiwan (R.O.C.)
電　　話：(02)2370-3310　傳　真：(02) 2370-3210
總 經 銷：紅螞蟻圖書有限公司
地　　址：台北市內湖區舊宗路二段 121 巷 19 號
電　　話：02-2795-3656　傳真:02-2795-4100　網址：
印　　刷：京峯彩色印刷有限公司（京峰數位）

　　本書版權為西南財經大學出版社所有授權崧博出版事業有限公司獨家發行電子書及繁體書繁體版。若有其他相關權利及授權需求請與本公司聯繫。

定價：250元

發行日期：2018 年 10 月第一版

◎ 本書以POD印製發行